Anthroposophie heute

Rudolf Steiner

ANTHROPOSOPHIE HEUTE

Band 2

Unsere Kinder, unsere Zukunft

(Über Erziehung, England 1924)

Rudolf Steiner Ausgaben

Der Wortlaut der in den *Rudolf Steiner Ausgaben* gedruckten Vorträge Rudolf Steiners geht auf die ursprünglichen Klartextnachschriften und Erstdrucke zurück, unter Berücksichtigung der danach erfolgten Veröffentlichungen.

Erste Auflage 2017

Herausgeber: Rudolf Steiner Ausgaben
(Monika Grimm, Bad Liebenzell)
Redaktion: Pietro Archiati, Bad Liebenzell
Korrektorat: Ute von Herrmann, Stuttgart
Druck: GGP Media GmbH, Pößneck

ISBN: 978-3-86772-053-3

Rudolf Steiner Ausgaben e. K.
Burghaldenweg 37 · D-75378 Bad Liebenzell
Telefon: (07052) 935284 · Telefax: (07052) 934809
anfrage@rudolfsteinerausgaben.com
www.rudolfsteinerausgaben.com

Inhalt

- Das Kind lebt in einer Welt, in der alles lebendig ist. Der Lehrer soll selber an die Märchen «glauben», die er erzählt. Im 9. bis 10. Lebensjahr beginnt das Kind, sich von seiner Umgebung zu unterscheiden *S. 52*

3. Vortrag (14.8.1924)

Pflanze und Erde, Tier und Mensch

Zu einer Erziehung ohne Strafe

S. 59

- Die Pflanzen sollen dem Kind in ihrem lebendigen Zusammenhang mit der Erde dargestellt werden *S. 59*
- Bei den Tieren sind körperlich-seelische Eigenschaften spezialisiert, die im Menschen nach Harmonisierung und Gleichgewicht streben *S. 66*
- Bis zum 12. Lebensjahr versteht das Kind nichts von «Ursache» und «Wirkung» in Natur und Geschichte. Für das Moralische – wie beim «Strafen» – muss das Unbewusste im Kind ernst genommen werden *S. 77*

4. Vortrag (15.8.1924)

Der Lehrer als herzhafter Erzähler

Das Gleichnis vom kleinen Veilchen

S. 85

- Bildhafte Erzählungen, die mit dem Kind wachsen können, soll der Lehrer schaffen. Die Erzählung vom kleinen Veilchen. Durch Selbsterziehung wird der Lehrer zur selbstverständlichen Autorität, z. B. im Halten der Disziplin, im Kennen der Kinder, im Umgang mit ihren Temperamenten *S. 85*
- Wie das innere Form- und Farbgefühl erweckt wird. Geschicklichkeitsübungen am eigenen Leib fördern das Denken. Der Sinn des Epochenunterrichts *S. 100*

5. Vortrag (16.8.1924)

Zählen und Rechnen aus dem Leben

Der Zauber des pythagoreischen Lehrsatzes

S. 107

- Beim Zählenlernen soll man von der Einheit und vom ganzen Menschen, d. h. vom Leben und vom Rhythmus ausgehen *S. 107*
- Das Rechnenlernen soll auch von der Einheit ausgehen und sie in Teile teilen, um Lebendiges in das Rechnen zu bringen *S. 124*
- Der pythagoreische Lehrsatz – dass die Fläche der Kathetenquadrate der des Hypotenusenquadrats gleich ist – hat etwas Frappierendes. Es muss immer von Neuem erobert werden *S. 133*

6. Vortrag (18.8.1924)

Neuschöpfung des Menschenkörpers

Musikinstrument für Sprache und Eurythmie

S. 141

- Das Kind soll vom Lehrer in seinem Drang unterstützt werden, die Formen des menschlichen Organismus plastisch-malerisch darzustellen. Das Spielen der Atemluft auf dem Musikinstrument des Nervensystems wird im kunstvollen Singen und Musizieren gefördert *S. 141*
- Das Kind soll früh auch fremde Sprachen sprechen, Sprachbetrachtung soll aber erst mit dem 9., 10. Jahr beginnen. Im Vokal äußern sich innere Gefühle, im Konsonant werden äußere Gegenstände nachgeahmt – in verschiedenen Sprachen ganz unterschiedlich *S. 151*
- Eurythmie ist eine sichtbare Sprache, in der sich das Leben der Seele nach außen offenbart. Im Turnen, in der Gymnastik passt sich der Körper des Menschen der äußeren Welt an *S. 159*

«In den pädagogischen Vorträgen bemühe ich mich, den Lehrkräften der hier in England nach dem Muster der Waldorfschule zu gründenden Primarschule eine Art Seminarkurs zu geben. Die für den Lehrenden und Erziehenden notwendige Gesinnung, die für die Ausübung der pädagogischen Kunst unerlässliche Seelenverfassung versuche ich zu beleuchten. Methodische Anweisungen für die einzelnen Erziehungsgebiete und Unterrichtsfächer versuche ich zu geben. Alles ist auf die Darstellung einer in wahrer Menschen-Erkenntnis gegründeten Lehrpraxis hin orientiert.»

(Rudolf Steiner in:
Was in der Anthroposophischen Gesellschaft vorgeht. Nachrichten für deren Mitglieder,
24. August 1924).

Erster Vortrag

Erziehung aus Menschenerkenntnis

Das faustische Streben nach Einkörperung

Torquay, 12. August 1924

Meine lieben Freunde!

Es gereicht mir zur tiefsten Befriedigung, dass Sie hier in England so weit sind, um an die Begründung einer Schule im anthroposophischen Sinne zu denken. Es bedeutet dies einen außerordentlich tiefen Einschnitt in der Geschichte des Erziehungswesens.

Spricht man, meine lieben Freunde, einen solchen Satz aus, so geschieht es leicht, dass man für das Aussprechen eines solchen Satzes der Unbescheidenheit geziehen wird. Aber es liegt all dem, was aus anthroposophischen Untergründen für die Erziehungs- und Unterrichtskunst hervorgehen soll, etwas Besonderes zugrunde. Und ich möchte es mit allergrößter Freude begrüßen, dass der erste Stamm eines Lehrerkollegiums sich hier aus dem Innersten der Seele heraus bereitgefunden hat, anzuerkennen, dass dem, was wir anthroposophische Pädagogik nennen, etwas Besonderes zugrunde liegt.

Wir sprechen, wenn wir von anthroposophischer Pädagogik reden, nicht aus einem fanatischen Reformgedanken heraus von der Notwendigkeit einer Erneuerung des Erziehungswesens, sondern wir sprechen aus der Empfindung und dem Erleben der Kulturentwicklung der Menschheit heraus. Wir sprechen so, dass wir uns bewusst sind: Es ist viel, sehr viel von ausgezeichneten Menschen im Laufe des 19. Jahrhunderts und in den letzten Jahrzehnten für die Erziehungskunst geschehen. Aber das, was aus den besten, aus den allerbesten Absichten hervorgegangen ist, ist so geschehen, dass man sagen muss: Man hat alles Mögliche auf dem Gebiet des Erziehungswesens versucht, aber ohne wirkliche Menschenerkenntnis.

Es fiel das Denken über menschliche Erziehung in eine Zeit hinein, in der es wegen des Materialismus, der seit dem 15. Jahrhundert auf allen Gebieten herrscht, keine wirkliche Menschenerkenntnis hat geben können. Und so hat man immer, wenn man erzieherische Reformgedanken geäußert hat, auf Sand oder auf etwas noch mehr ohne Grund Dastehendes gebaut. Man hat Erziehungsgrundsätze aus allerlei Emotionen heraus aufgestellt, aus Urteilen, die man über die Art sich bildete, wie das Leben sein soll.

Man hat nicht die Möglichkeit gehabt, den Menschen in seiner Ganzheit zu erkennen und sich zu fragen: Wie muss man das, was in der Menschenwesenheit gottgegeben drinsteckt, nachdem der Mensch aus seinem vorirdischen Leben in das irdische Leben herabgestiegen ist, wie muss man das im Menschen zur Offenbarung bringen? Das ist die Frage, die man abstrakt aufwerfen kann, die man aber nur dann konkret beantworten kann, wenn man eine wirkliche Erkenntnis des Menschen nach Leib, Seele und Geist zugrunde legt.

Für die heutige Menschheit liegt die Sache so: Die Leibeserkenntnis ist außerordentlich weit ausgebildet. Wir haben aus Biologie, Physiologie, Anatomie heraus eine sehr, sehr ausgebildete Leibeserkenntnis des Menschen. Aber schon, wenn wir zur Seelenerkenntnis kommen wollen, stehen wir heute mit den gegenwärtigen Anschauungen vor einer völligen Unmöglichkeit, denn all das, was sich auf die Seele bezieht, sind heute nur Namen, nur Worte. Man greift selbst bei Worten wie Denken, Fühlen und Wollen, wenn man auf die gewöhnliche Psychologie der heutigen Zeit hinsieht, man greift nicht mehr auf Wirklichkeiten. Die Worte sind geblieben – «Denken», «Fühlen», «Wollen» –, aber eine Anschauung von dem, was in der Seele waltet und was man als Denken, als Fühlen und als Wollen anspricht, eine solche Anschauung ist nicht vorhanden, wenn heutige Psychologen über Denken, Fühlen und Wollen reden. Es ist alles dilettantisch, was da geredet wird.

Es ist so, wie wenn ein Physiologe vom Menschen im Allgemeinen reden würde, von menschlicher Lunge, menschlicher Leber reden würde und nicht zwischen kindlicher Leber und Greisenleber unterscheiden würde. In der Leibeswissenschaft ist man sehr weit, jede Physiologie ist fähig, den Unterschied zu erkennen zwischen einer kindlichen Lunge und einer Greisenlunge – der Lunge eines alten Menschen – oder sogar den Unterschied zwischen einem kindlichen Haar und dem Haar des alten Menschen. Das wird man alles unterscheiden. Aber bei Denken, Fühlen und Wollen spricht man nur die Worte aus, man ergreift nichts als Wirklichkeit.

Man weiß zum Beispiel nicht, dass das Wollen jung ist, so wie es in der Seele auftritt, und das Denken alt ist, dass also das Denken ein altes Wollen, das Wollen ein junges Denken ist in der Seele. Sodass man in all dem, was man in der Seele hat, Jugend und Alter gleichzeitig beim Menschen hat. Wir haben in der Seele nebeneinander ein altes Denken und ein junges Wollen, schon als Kind. Auch im Kind sind sie gleichzeitig. Solche Dinge sind Realitäten.

Aber kein Mensch weiß heute über diese Realitäten der Seele in demselben Sinne irgendetwas zu sagen wie über die Realitäten des Leibes. Wenn man dem Kind gegenübersteht, steht man völlig hilflos ihm gegenüber. Denken Sie nur einmal, wenn Sie als Arzt nicht unterscheiden könnten zwischen einem Kind und einem Greis. Sie wären völlig hilflos. Der Lehrer ist, weil es eine Wissenschaft von der Seele gar nicht gibt, nicht in der Lage, über die Seele des Menschen so zu sprechen, wie heute der Arzt vom Leib des Menschen sprechen kann.

Und der Geist? Ja, da ist überhaupt nichts, von Geist kann man gar nicht reden. Da sind nicht einmal Worte mehr da. Es gibt das einzige Wort «Geist», aber das besagt nicht viel. Über den Geist sind nicht einmal mehr Worte da.

Also von einer Menschenerkenntnis kann im Sinne unserer Gegenwart nicht die Rede sein. Da kann man leicht sagen: Es geht nicht mit rechten Dingen zu in der Erziehung, man muss dies und jenes verbessern. Ja, aber wie soll man etwas verbessern, wenn man gar nichts weiß über den Menschen? Daher sind die Gedanken über eine Erziehungsreform, die da aufgetreten sind, alle vom allerbesten Willen beseelt, aber es ist keine Menschenerkenntnis vorhanden. Das merkt man bis in unsere Kreise herein.

Und was kann heute dem Menschen zur Menschenerkenntnis verhelfen? Nur «Anthroposophie»! (griechisch: anthroposophia = Weisheit vom Menschen). Das ist nicht aus einem sektiererischen, fanatischen Untergrund heraus gesagt. Wenn man heute Menschenerkenntnis haben will, muss man «Anthroposophie» in sich aufnehmen. Wenn man aus Menschenerkenntnis unterrichten will, muss man sich diese Menschenerkenntnis erwerben. Da ist es natürlich, dass man sie sich durch Anthroposophie erwirbt.

Fragt also heute jemand über die Grundlage einer neuen Pädagogik, was muss man ihm sagen? Die Anthroposophie ist die Grundlage einer neuen Pädagogik! Aber sehr viele Menschen, selbst unter uns, sind bestrebt, Anthroposophie möglichst zu verleugnen und die Pädagogik ohne Anthroposophie zu propagieren. Sie wollen nicht merken lassen, dass Anthroposophie dahinter ist. Es gibt ein deutsches Sprichwort, das heißt: Wasch mir den Pelz, aber mach mir ihn nicht nass. So sind sehr viele Bestrebungen, die auf diesem Gebiet unternommen werden.

Wahr muss man vor allen Dingen reden und denken. Und deshalb müsste man heute, wenn jemand fragt: Wie kann ich ein guter Pädagoge werden?, müsste man ihm sagen: Du musst von der «Anthroposophie» (Erkenntnis vom Menschen) ausgehen. Du darfst sie nicht verleugnen, du musst dir durch Anthroposophie Menschenerkenntnis erwerben. Eine Menschenerkenntnis haben wir im heutigen Zivilisationsleben nicht. Wir haben Theorien, aber wir haben keine lebendige Erkenntnis – weder der Welt, noch des Lebens, noch des Menschen. Wirkliche Erkenntnis führt zur Lebenspraxis, aber wir haben heute keine Lebenspraxis, weil wir keine Erkenntnis haben.

Wissen Sie, wer die allerunpraktischsten Leute heute sind? Das sind die sogenannten praktischen Leute, sie sind die stärksten Theoretiker. Das sind nicht die Wissenschaftler, die sind auch unpraktisch und lebensfremd, nur bei ihnen bemerkt man es. Aber bei den sogenannten Praktikern, die die stärksten Theoretiker sind und am meisten lebensunpraktisch sind, bei denen bemerkt man das nicht. Das sind die kommerziellen und die industriellen Leute, die Bankleute. Das sind die Leute, die heute die praktischen Lebenszusammenhänge aus theoretischen Gedanken heraus beherrschen.

Eine Bank ist heute ganz aus theoretischen Gedanken heraus gebildet. Es ist gar nichts Praktisches darin. Nur bemerken die Leute das nicht, weil sie sagen: So muss es sein – so machen es die praktischen Leute, also muss es so sein. Dann schickt man sich halt da hinein. Man merkt nicht, welchen Schaden das im Leben anrichtet, weil es ganz unpraktisch wirkt. Das «praktische» Leben ist heute ganz unpraktisch. Auf allen Gebieten ist gerade das praktische Leben ganz unpraktisch.

Und merken werden es die Leute nur, wenn immer mehr zerstörende Elemente in die Zivilisation hineinkommen und sie auflösen. Der Weltkrieg ist nur ein Anfang gewesen. Der Weltkrieg ging in Wirklichkeit aus dieser «Unpraxis» hervor, aber er war nur eine Einleitung. Es handelt sich darum, dass nicht fortgeschlafen wird. Und am wenigsten geht es, dass man auf dem Gebiet des Unterrichts- und

Erziehungswesens weiter schläft. Da handelt es sich darum, dass man eine Erziehung aufnimmt, die auf den ganzen Menschen nach Leib, Seele und Geist geht und dass daher auch wirklich Leib, Seele und Geist erkannt werden.

In einem kurzen Kursus, wie er hier gehalten werden soll, kann man die Sache nur so machen, meine lieben Freunde, dass es sich darum handeln wird, die wichtigsten Dinge, die sich auf Leib, Seele und Geist beziehen, so zu gestalten, dass sie gerade auf das Unterrichts- und Erziehungswesen hinauslaufen. Das wollen wir auch tun.

Nur ist das erste Erfordernis, das gleich von Anfang an einzusehen ist, dass man wirklich sich bemüht, den Blick auf den ganzen Menschen zu richten. Wie bildet man heute Erziehungsgrundsätze? Man schaut auf das Kind, man sagt sich, das Kind soll dies und jenes lernen. Man denkt nach, wie man es am besten unterrichtet, damit es schnell dies und jenes lernt. Ja, was ist aber ein Kind?

Ein Kind ist ein Kind höchstens zwölf Jahre lang – meinetwillen auch zwanzig Jahre lang, darauf kommt es mir jetzt nicht an. Aber einmal wird es etwas anderes, einmal wird es ein älterer Mensch. Das ganze Leben ist eine Einheit, und wir haben nicht bloß auf das Kind zu sehen, sondern auf das ganze Leben. Wir haben auf den ganzen Menschen zu sehen.

Nehmen wir an, ich habe ein blasses Kind in der Schule sitzen. Ein blasses Kind, das muss für mich als Lehrer ein Rätsel sein, das ich zu lösen habe. Es können viele Gründe sein, aber es kann der Fall auch so liegen: Das Kind ist noch mit rosigem Gesicht in die Schule gekommen. Es ist unter meiner Behandlung blass geworden. Ich gestehe mir das. Da muss ich jetzt beurteilen können, warum das Kind blass geworden ist.

Ich werde vielleicht darauf kommen, dass ich für dieses Kind zu viel Gedächtnismaterial gegeben habe. Ich habe das Gedächtnis des Kindes zu stark angestrengt. Komme ich nicht davon ab, bin ich ein kurzsichtiger Pädagoge, bilde ich mir ein, die Methode muss durchgeführt werden – ganz gleichgültig, ob das Kind blass oder rot dabei wird, die Methode muss durchgeführt werden –, dann bleibt das Kind blass.

Wenn ich aber in die Lage komme, dieses Kind zu beobachten, wenn es fünfzig Jahre alt ist, dann wird dieses Kind wahrscheinlich unter einer furchtbaren Sklerose leiden, wird eine Arterienverkalkung haben, von der man nicht wissen wird, woher sie kommt. Sie kommt daher, dass ich das Gedächtnis des Kindes mit acht, neun Jahren überladen habe. Der Fünfzigjährige und der Acht-, Neunjährige gehören zusammen, das ist derselbe Mensch.

Wir müssen wissen, was aus dem, was wir mit dem Kind tun, nach vierzig oder fünfzig Jahren wird, denn das Leben ist eine Einheit, das Leben gehört zusammen. Bloß das Kind zu kennen, das genügt nicht, wir müssen den ganzen Menschen erkennen.

Und wiederum: Ich plage mich damit, einer Klasse möglichst gute Definitionen beizubringen, dass die Begriffe ganz fest sitzen, dass das Kind weiß, was ein Löwe ist, dass das Kind weiß, was eine Katze und so weiter ist. Ja, soll das Kind immer bis zu seinem Tod diese Begriffe beibehalten?

Wir haben heute gar keine Ahnung davon, dass auch das Seelische wachsen muss. Wenn ich einem Kind einen Begriff beibringe, der einfach richtig sein soll – was ist nicht alles «richtig»? –, der einfach richtig sein soll, und das Kind soll ihn das ganze Leben hindurch behalten, das ist gerade so, wie wenn ich ihm mit drei Jahren Schuhe kaufe und alle folgenden Schuhe jetzt nur so groß machen will wie die Schuhe, die ich ihm mit drei Jahren gekauft habe.

Das Kind wächst darüber hinaus. Da merkt man die Sache, und man würde es als eine Barbarei ansehen, wenn ich ihm so kleine Schuhe kaufen wollte und den Fuß so klein halten wollte, dass er immer in den Schuh des Dreijährigen hineinpasst. Aber mit der Seele tun wir das. Wir geben dem Kind Begriffe, die nicht mit ihm wachsen. Wir geben dem Kind Begriffe, die so bleiben sollen, wir plagen es mit Begriffen, die immer so bleiben sollen, während wir dem Kind Begriffe geben sollen, die wachsen können. Die Seele, die drücken wir fortwährend in die Begriffe hinein, die das Kind bekommen hat.

Das sind die Dinge, die in der alleroberflächlichsten Weise mit der Forderung zusammenhängen, man soll in der Pädagogik den ganzen Menschen, den wachsenden, lebendigen Menschen ins Auge fassen, nicht irgendeinen abstrakten Begriff vom Menschen. (Es wird übersetzt).

II.

Meine lieben Freunde! Gerade dann, wenn man die Anschauung hat, die richtige Anschauung hat, dass das ganze Menschenleben ein Zusammenhängendes ist, kommt man erst darauf, wie verschieden wiederum die einzelnen Lebensalter sind.

Das Kind bis zum Zahnwechsel ist ein ganz anderes Wesen als das Kind nach dem Zahnwechsel. Natürlich darf man dabei nicht grobe Urteile, grobe Anschauungen zugrunde legen. Wenn man sich unter dem Menschen nur ein zweibeiniges Wesen vorstellt, das oben einen Kopf und in dessen Mitte eine Nase hat, dann wird man sagen, das Kind hat auch vor dem Zahnwechsel zwei Beine und in der Mitte des Gesichtes eine Nase und so weiter. Wenn man aber die Fähigkeit hat, feinere Unterschiede im Leben zu beobachten, dann wird man vor und nach dem Zahnwechsel im Kind ein ganz anderes Wesen finden.

Vor dem Zahnwechsel ist an dem Kind deutlich wahrzunehmen, wie das nachwirkt, richtig nachwirkt, was das Kind als «Lebensgewohnheiten» vor der Geburt im vorirdischen Leben in der geistigen Welt gehabt hat. Der Körper des Kindes tut da so, wie wenn er ein Geist wäre, denn der Geist, der aus der geistigen Welt heruntergestiegen ist, der ist noch voll tätig in dem Kind in den ersten sieben Lebensjahren.

Sie werden sagen: schöner Geist! Der ist ganz und gar tobsüchtig geworden, der Geist, denn das Kind tobt, das Kind benimmt sich ungeschickt, es kann noch gar nichts. Das alles soll der Geist vom vorirdischen Leben sein!

Meine lieben Freunde! Denken Sie nur, wenn Sie ganz ausgebildete, ganz geschickte Menschen wären und plötzlich verurteilt wären, fortwährend in einem Raum mit einer Temperatur von 62 Grad Celsius zu leben. Sie könnten es nicht. Sie könnten das noch weniger, als der Geist des Kindes sich zu benehmen weiß, der aus den geistigen Welten heruntergestiegen ist und sich jetzt in irdische Verhältnisse einleben soll. Der Geist benimmt sich so, wie sich das Kind benimmt, weil er in eine ganz andere Welt versetzt ist, weil er plötzlich einen Leib an sich zu tragen hat, was er vor dem irdischen Leben nicht hatte.

Aber wer zu beobachten versteht, wie nach und nach beim Kind aus der unbestimmten Gesichtsphysiognomie mit jedem Tag, mit jeder Woche, mit jedem Monat das Bestimmte mehr herauskommt, wie in den Bewegungen nach und nach aus der Ungeschicklichkeit geschickte Bewegungen werden, wie das Kind sich ganz in die Umgebung einlebt, wer das zu beobachten versteht, der weiß: Das ist der Geist, der heruntergestiegen ist aus der vorirdischen Welt, der den Körper allmählich sich ähnlich zu machen versucht.

Wir werden begreifen, warum das Kind so ist, wenn wir so beobachten. Wir werden aber auch begreifen, dass es der heruntergestiegene Geist ist, der in dem Körper des Kindes so wirkt, wie wir das im Kind wirksam sehen.

Daher gibt es für den, der in die geistigen Geheimnisse eingeweiht ist, eigentlich nichts Reizvolleres, als das Kind zu beobachten. Man lernt, wenn man das Kind beobachtet, nicht die Erde, man lernt den Himmel kennen – und das nicht bloß bei den sogenannten artigen Kindern. Bei den artigen Kindern ist es meistens so, dass ihnen der Körper schwer wird. Schon im Kindheitsalter wird ihnen der Körper schwer, und der Geist kann ihn nicht recht in Empfang nehmen. Solche Kinder sind dann still, sie schreien nicht.

Diese Kinder sitzen viel, sie toben nicht. Der Geist ist in ihnen untätig, weil der Körper ihm Widerstand bietet. Bei braven Kindern, sogenannten braven Kindern, bei denen ist es oft so, dass der Körper dem Geist Widerstand bietet.

In Kindern aber, die nicht so brav sind, sondern die ordentlich toben, sich ordentlich ausschreien, die einem Mühe machen, in denen regt sich der Geist – natürlich auf ungeschickte Art, denn er ist vom Himmel auf die Erde versetzt, aber er regt sich, er kann den Leib gebrauchen. Man kann das wüste Geschrei eines Kindes entzückend finden, aus dem einfachen Grund, weil man dabei erfährt, welches Martyrium der Geist durchmacht, wenn er in einen kindlichen Körper herunterkommt.

Ja, meine lieben Freunde, ein Erwachsener zu sein, das ist leicht – für den Geist leicht, meine ich. Da hat sich der Geist den Körper schon zubereitet, da bietet der Körper nicht mehr so viel Widerstand. Ein Erwachsener zu sein, das ist für den Geist ganz leicht. Ein Kind zu sein, das ist außerordentlich schwierig. Das Kind merkt es nur nicht, weil das Bewusstsein noch nicht erwacht ist, das schläft noch. Aber mit dem Bewusstsein, das vor dem Heruntersteigen auf die Erde da war, mit dem würde das Kind es schon bemerken, wenn es da wäre. Da wäre das Leben des Kindes eine furchtbare Tragik, eine ganz furchtbare Tragik.

Denn sehen Sie, da steigt der Mensch auf die Erde herunter. Er ist an eine geistige Substanz gewöhnt, aus der er vor dem Heruntersteigen auf die Erde sein Geistesleben gehabt hat. Er ist gewohnt, diese geistige Substanz zu handhaben. Die hat er selbst sich ganz nach seinem Karma, nach den Ergebnissen der vorigen Erdleben zubereitet. Der Mensch steckt da drinnen wie in seinem eigenen geistigen Bekleidungsstück. Jetzt soll er auf die Erde heruntersteigen.

Ich möchte ganz populär über solche Dinge reden. Sie müssen mir verzeihen, wenn ich sie so darstelle, wie sie sich dem darstellen, der Ihnen darüber redet: wie die gewöhnlichen Dinge der Erde. Man kann so über sie reden, weil sie so sind.

Jetzt soll der Mensch heruntersteigen, jetzt soll er sich einen Körper auf der Erde wählen. Ja, dieser Körper ist einem durch Generationen zubereitet. Da haben ein Vater und eine Mutter einen Sohn oder eine Tochter bekommen, diese haben wiederum einen Sohn oder eine Tochter bekommen und so weiter fort. Das gibt dann einen Körper durch Vererbung. Den soll man beziehen, in den soll man einkehren. Da kommt man plötzlich in ganz andere Verhältnisse hinein.

Man zieht einen solchen Körper an, der einem durch die Generationenfolge zubereitet worden ist. Man wirkt schon von der geistigen Welt herunter, damit man nicht einen völlig unpassenden Körper bekommt, aber man bekommt zumeist einen ziemlich unpassenden Körper. Man passt gar nicht hinein in einen solchen Körper. Wenn ein Handschuh auf eine Hand so wenig passen würde, wie ein Körper auf eine Seele passt, so würden wir diesen Handschuh in alle Ecken des Himmels werfen. Es würde uns gar nicht einfallen, den Handschuh anzuziehen.

Aber, wenn wir aus der geistigen Welt heruntersteigen und einen Körper haben wollen, dann müssen wir einen nehmen. Und diesen Körper, den haben wir bis zum Zahnwechsel.

Denn es ist so, dass alle sieben bis acht Jahre unsere äußere physische Materie ganz ausgetauscht wird, im Wesentlichen wenigstens, nicht für alles. Die Zähne, die wir zuerst bekommen, die werden gewechselt, dann bleiben sie uns. Es ist das nicht mit allen Gliedern des menschlichen Organismus der Fall. Weichere Glieder als die Zähne werden alle sieben Jahre ausgetauscht, solange der Mensch auf der Erde ist. Würden die Zähne sich ebenso verhalten, dann würden wir wie mit sieben Jahren so mit vierzehn Jahren, mit einundzwanzig Jahren wieder neue Zähne bekommen, und es gäbe keine Zahnärzte auf der Erde. Gewisse Organe, die hart sind, die bleiben dann. Aber gerade die weicheren Organe werden immer erneuert.

In den ersten sieben Lebensjahren hat der Mensch einen Körper, den ihm die äußere Natur der Eltern übergibt. Es ist wie ein Modell. Der Mensch ist mit der Seele gegenüber diesem Körper wie der Künstler gegenüber einem Modell, das er nachahmen soll. Der zweite Körper, den er mit dem Zahnwechsel aus dem ersten herauszieht – nach und nach natürlich, es geht durch alle sieben Jahre hindurch –, den hat er sich erst selbst gemacht nach dem Modell, das ihm von den Eltern gegeben worden ist. Den Körper, den er sich selbst macht, kriegt er erst nach sieben Jahren.

Alles, was heute die äußere Wissenschaft über die Vererbung und so weiter sagt, ist dilettantisch gegenüber der Wirklichkeit. In Wirklichkeit bekommen wir einen Modellkörper, den wir sieben Jahre an uns haben. Natürlich fangen wir schon in den ersten Lebensjahren an, ihn abzutöten, ihn abzustoßen. Aber das geht weiter, und wenn wir den Zahnwechsel bekommen, haben wir den zweiten Körper.

Es gibt schwache Individualitäten, die kommen schwach herunter. Die bilden sich den zweiten Körper, den sie nach dem Zahnwechsel an sich tragen, genau nach dem ersten Körper. Wir sagen, die bilden sich genau nach den Eltern. Das ist aber nicht wahr: Den zweiten Körper bilden sie sich nach dem Modell. Nur in den ersten sieben Lebensjahren haben wir Vererbtes in uns.

Natürlich sind wir alle schwache Individualitäten und bilden sehr viel nach dem Modell. Aber es gibt auch besonders starke Individualitäten. Die kommen herunter, haben in den ersten sieben Lebensjahren viel geerbt. Wir können das an den Zähnen sehen. Die ersten Zähne sind noch so, dass man ihnen die Zahmheit der Vererbung ansieht. Die zweiten Zähne aber, die knacken schon ganz ordentlich, die haben ausgeprägte Höcker. Das sind starke Individualitäten, die sich ganz ordentlich ausbilden.

Da haben wir Kinder, die sind mit zehn Jahren noch wie mit vier. Sie sind noch Abbilder. Dann haben wir aber Kinder, die sind mit zehn Jahren ganz anders. Die starke Individualität regt sich. Das Modell wird benutzt, aber nachher bildet das Kind einen selbstständigen Körper aus.

Auf solche Dinge muss man hinschauen. Mit all dem Reden von Vererbung kommt man nicht weiter, wenn man nicht einsieht, wie die Dinge sind. Vererbung, wie die Wissenschaft sie heute aufstellt, gilt nur für die ersten sieben Jahre des Menschen. Nachher hat der Mensch mehr Freiheit.

Wenn er etwas erbt, erbt er es freiwillig, könnte man sagen. Er macht es nach dem Modell, aber das Vererbte wird mit dem ersten Körper, mit dem Zahnwechsel abgestoßen.

Wir haben beim Kind außerordentlich stark das Seelische, das heruntergestiegen ist aus der geistigen Welt. Es ist ungeschickt, weil es sich erst in das äußere Naturhafte hineinfinden muss. Aber in Wahrheit ist alles, selbst das Ungezogenste, bei dem Kind entzückend. Natürlich müssen wir ein bisschen Philister sein, dass wir nicht alle Ungezogenheiten durchgehen lassen.

Wie der Geist auf der Welt von «Dämonen» geplagt wird, die ausarten, das merkt man am meisten am Kind. Das Kind muss in eine Welt hinein, in die es nicht hineinpasst. Das ist eine furchtbare Tragik, wenn man das bewusst durchführt. Wenn man das bewusst durchführt, wenn man etwas von Initiation kennt und sieht, sieht bewusst, was im Kind den Körper ergreift, so muss man sagen: Das ist etwas ganz Schreckliches, sich in all dieses Knochengezücht hineinzufinden, das man erst formen muss, in all dieses Sehnengezücht hineinzufinden, das man erst formen muss. Das ist etwas furchtbar Tragisches.

Das Kind weiß nur nichts davon, und das ist gut, weil der Hüter der Schwelle[1] es behütet, dass es etwas davon weiß. Aber der Lehrer soll davon wissen. Der soll mit einer ungeheuren Ehrfurcht neben dem Kind stehen und wissen: Da

1 «Hüter der Schwelle» wird in der anthroposophisch orientierten Geisteswissenschaft das geistige Wesen genannt, das den Menschen davor bewahrt, unvorbereitet, das heißt mit dem Alltagsbewusstsein, über die Schwelle zur geistigen Welt zu kommen.

ist ein göttlich-geistiges Wesen auf die Erde heruntergestiegen. Dass wir das wissen, dass wir unser Herz damit durchdringen und von da aus zum Erzieher werden, darauf kommt es an. (Es wird übersetzt).

III.

Meine lieben Freunde! Ich muss den dritten Teil etwas kürzer gestalten, weil wir um 4 Uhr die Generalprobe für die Eurythmie haben.

Es gibt große Unterschiede zwischen der Art, wie der Mensch im vorirdischen Leben geistig-seelisch ist, bevor er auf die Erde heruntersteigt, und wie er dann immer mehr werden muss. Der Lehrer soll das beurteilen können, weil er in dem Kind die Nachwirkungen der geistigen Welt vor sich hat.

Es gibt etwas, was sich das Kind schwer aneignen kann, weil die Seele es im geistigen Leben gar nicht hat und der Mensch auf der Erde äußerst wenig dazu gelangt, Aufmerksamkeit darauf zu verwenden. Das ist sein körperliches Inneres. Das tun nur die Naturforscher und die Ärzte. Die wissen, wie es im Inneren des Menschen innerhalb der Haut beschaffen ist.

Bei den meisten Menschen findet man, dass sie nicht einmal ordentlich wissen, wo das Herz ist. Sie zeigen gewöhnlich an die unrichtige Stelle. Und wenn man von einem Menschen im Leben auf der Erde verlangen würde, er soll einem sagen, wie sich der rechte Lungenflügel vom linken unterscheidet, oder gar von ihm verlangen würde, er soll den Zwölffingerdarm beschreiben, dann würde man merkwürdige Antworten bekommen.

Dagegen hat der Mensch, bevor er ins irdische Leben heruntersteigt, für eine Außenwelt außerordentlich wenig Interesse, aber umso mehr Interesse für das, was man sein geistiges Inneres nennen kann. In dem Leben zwischen dem Tod und einer neuen Geburt hat man fast ausschließlich Interesse für das geistige Innenleben des Menschen.

Man bildet sich das Karma nach den Erlebnissen der vorigen Erdleben aus, danach bildet man sein geistiges Innenleben aus. Und dieses Interesse, das man da hat, das ist von einer irdischen Eigenschaft außerordentlich weit entfernt: von der Wissbegierde, die in ihrer einseitigen Ausbildung Neugierde genannt werden kann. Wissbegierde, Neugierde, das Erpichtsein auf die Erkenntnis des äußeren Lebens, das hat man nicht vor der Geburt, vor dem Heruntersteigen auf die Erde. Man kennt das gar nicht. Das hat daher auch das Kind noch sehr wenig.

Dagegen hat das Kind das, was ein Leben in der Umgebung ist. Wenn man noch nicht heruntergestiegen ist auf die Erde, lebt man ganz in der Außenwelt. Die ganze Welt ist da das eigene Innere, es gibt keinen Unterschied zwischen Äußerem und Innerem. Daher ist man auch nicht auf ein Äußeres neugierig, alles ist ein Inneres. Was man in sich trägt, darauf ist man nicht neugierig. Das ist eine Selbstverständlichkeit, das lebt man einfach aus.

Und so lernt das Kind gehen, sprechen und denken in den ersten sieben Lebensjahren noch ganz so, wie es sich verhalten hat, bevor es auf die Erde heruntergestiegen ist. Und legen wir es daraufhin an, dass das Kind auf irgendein Ding neugierig sein soll, da werden wir sehen: Wir treiben dem Kind die Lust ganz aus, dieses Ding zu lernen. Wenn wir auf die Wissbegierde, auf die Neugierde rechnen, treiben wir dem Kind gerade das aus, was es sich aneignen soll.

Wir dürfen gar nicht auf die Neugierde rechnen, sondern auf etwas ganz anderes: dass wir selbst in dem Kind naturhaft aufgehen, dass wir selbst in dem Kind leben. Alles, was das Kind genießt oder erlebt, muss so sein, als ob es sein eigenes Inneres wäre. Wir müssen auf das Kind denselben Eindruck machen, wie der Arm des Kindes einen Eindruck auf das Kind macht. Wir müssen die Fortsetzung seines eigenen Körpers sein.

Dann müssen wir achtgeben, wenn das Kind den Zahnwechsel passiert, wenn es allmählich in das Lebensalter zwischen dem 7. und 14. Jahr eintritt, wie nach und nach die Neugierde, die Wissbegierde erst herauskommt, und wie man da taktvoll und vorsichtig sein muss, achtgeben muss, wie sich die Neugierde nach und nach regt.

Das kleine Kind ist noch wie ein Plumpsack, ein Sack, der nicht neugierig ist, auf den man einen Eindruck machen muss dadurch, dass man selbst etwas ist. Geradeso wenig, wie ein Mehlsack neugierig auf seine Umgebung ist, geradeso wenig ist das kleine Kind neugierig. Aber wie alles, was wir in den Mehlsack, insbesondere wenn das Mehl gut gemahlen ist, an Eindrücken machen, wie das vom Sack festgehalten wird, so wird vom kleinen Kind alles festgehalten – nicht weil es neugierig ist, sondern so, wie wenn wir beim Mehlsack mit dem Finger einen Eindruck machen: weil wir eine Einheit mit ihm ausmachen.

Das wird erst mit dem Zahnwechsel anders. Da müssen wir achtgeben, wie das Kind fragt: Was ist denn das? Womit gucken die Sterne? Warum sind die Sterne am Himmel? Warum hast du eine krumme Nase, Großmutter? Nach allem fragt dann das Kind, es wird neugierig auf die Umgebung.

Aber da muss man eine feine Empfindung dafür haben, wie nach und nach die Neugierde und die Aufmerksamkeit herauskommen. Mit den Zähnen kommen sie heraus. Das sind die Lebensjahre, in denen sie herauskommen, da muss man dem entgegenkommen. Man muss das Kind teilhaben lassen an dem, was man mit ihm machen soll, das heißt, man muss das lebhafteste Interesse für das haben, was jetzt mit dem Zahnwechsel im Kind erwacht.

Und es erwacht außerordentlich viel! Neugierig ist das Kind, nur nicht vom Verstand aus. Das Kind hat mit sieben Jahren noch keinen Verstand. Wer mit dem Verstand rechnet, der rechnet ganz falsch beim 7-jährigen Kind. Aber Fantasie hat das Kind, und auf die Fantasie muss man rechnen.

Es kommt darauf an, dass man den Begriff «seelische Milch» entwickelt. Nach der Geburt müssen wir dem Kind körperliche Milch geben. Das ist das Nahrungsmittel, das für das Kind alles Übrige in Mischung enthält. Das Kind nimmt die Milch auf und hat damit die ganze Nahrung. Jetzt müssen wir dem Kind wieder nichts Einzelnes geben, alles muss wie eine seelische Milch sein. Wenn das Kind in die Schule hereinkommt, wenn es den Zahnwechsel durchgemacht hat, muss alles eine Einheit sein, muss alles eine seelische Milch sein. Das Kind einmal lesen, einmal schreiben lernen lassen, das ist geradeso, wie wenn wir die Milch erst chemisch in zwei Teile spalten und dem Kind zuerst das eine und dann das andere eingeben würden. Lesen, schreiben – alles muss eine Einheit sein. Seelische Milch – dieser Begriff muss erfunden werden für die Kinder, wenn sie in die Volksschule kommen.

Das kann nur geschehen, wenn wir den Unterricht und die Erziehung vom Zahnwechselalter an künstlerisch einrichten. Da soll das Künstlerische alles durchdringen. Es soll eine künstlerische Gestaltung des Schreibunterrichts geben, sodass er aus dem Malen hervorgeht – ich werde das morgen noch ausführlicher beschreiben –, eine künstlerische Gestaltung in der Überführung des Schreibens, das aus dem Malen herauskommt, zum Lesen, eine künstlerische Gestaltung des Lesens und Schreibens mit dem, was das Kind in einfacher Weise erreichen soll. Das alles muss eine Einheit sein.

Solche Dinge wie der Begriff seelische Milch müssen erst herausgebildet werden. Die brauchen wir für das Kind, wenn es in die Volksschule kommt.

Und wenn es geschlechtsreif wird, braucht es «geistige Milch». Die bringen wir der heutigen Menschheit schon ganz besonders schwer bei, denn Geist haben wir gar keinen mehr im materialistischen Zeitalter. Wenn wir auch noch geistige Milch ausbilden sollen, so ist das heute ganz besonders schwer. Da müssten wir die boys und girls in den sogenannten Lümmel- und Flegeljahren sich selbst überlassen, denn wir haben keine geistige Milch.

Damit wollte ich Ihnen heute nur eine Einleitung geben, um Sie zunächst auf den Weg zu bringen. Wir wollen dann morgen in den Betrachtungen fortfahren und uns auf die Einzelheiten einlassen.

Zweiter Vortrag

Die frei schaffende Fantasie

Der gute Lehrer, der an Märchen glaubt

Torquay, 13. August 1924

Meine lieben Freunde!

Es ist gestern von mir darauf hingewiesen worden, wie wir uns beim Zahnwechsel einen völligen Umschwung in der Entwicklung des Kindes zu denken haben.

Es ist so, dass das, was man Vererbung, vererbte Merkmale nennt, nur in der ersten Lebensepoche des Menschen eine Rolle spielt, eine unmittelbare Rolle spielt. In den ersten sieben Jahren wird nach und nach ein zweiter Lebensorganismus in physischer Körperlichkeit aufgebaut, der nach dem Modell des vererbten Organismus gestaltet wird und der dann fertig ist, wenn sich der Zahnwechsel vollzieht.

Wenn die Individualität schwach ist, die aus der geistigen, aus der vorirdischen Welt herunterkommt, dann ist der zweite Organismus dem vererbten Organismus ähnlich. Wenn die Individualität aber stark ist, so sehen wir, wie sich zwischen dem 7. Jahr, dem Zahnwechsel, und der Geschlechtsreife, also bis um das 14. Lebensjahr herum, allmählich eine Art Sieg über die vererbten Merkmale ausbildet. Das Kind wird da anders, es gestaltet sich um, selbst in der äußeren Körperform.

Insbesondere aber ist es interessant, die Seelenmerkmale zu verfolgen, die in dieser zweiten Lebensepoche zutage treten. In der ersten Lebensepoche, vor dem Zahnwechsel, ist das Kind ganz Sinnesorgan. Das müssen wir im allerwörtlichsten Sinne nehmen: Das Kind ist ganz Sinnesorgan, sodass wir sagen können: Wir betrachten das menschliche Auge oder das menschliche Ohr. Was ist das Charakteristische eines solchen Sinnesorgans? Das Charakteristische ist dieses, dass das Sinnesorgan fein empfänglich ist für die Eindrücke der Außenwelt. Wenn wir das Auge betrachten, so können wir im Auge sehen, was für ein Vorgang draußen stattfindet.

Denken wir an das Auge – wir wollen alles Übrige weglassen: Das Kind ist in den ersten sieben Jahren ganz «Auge». Denken wir daran, dass von jedem Gegenstand, der draußen ist, ein Bild sich im Auge bildet, ein umgekehrtes Bild bildet. Das ist das, was die Physik jeden lehrt: Das, was draußen ist in der Welt, ist bildhaft im Auge drinnen. Dabei bleibt die Physik stehen.

Dass sich da drinnen ein Bild bildet, ist aber nur der Anfang von dem, was wir in Bezug auf das Auge wissen können (s. Tafelzeichnung S. 113, links oben). Es ist nur die äußerlichste physikalische Tatsache, dass sich da ein Bild bildet. Würden wir mit fein beobachtendem Sinn dieses Bild anschauen, dann würden wir finden: Je nachdem dieses Bild ist, geht da drinnen in der Aderhaut die Blutzirkulation (rot) vor sich. Die ganze Aderhaut ist in ihrer Blutzirkulation von der Art und Weise beeinflusst, wie das Bild ist. Das ganze Auge richtet sich nach diesem Bild ein. Das sind sehr feine Vorgänge, meine lieben Freunde, die von der gewöhnlichen Physik nicht berücksichtigt werden.

Aber das Kind ist ganz Auge in den ersten sieben Jahren. Wenn in der Nähe des Kindes etwas Eklatantes, sagen wir ein Zornesausbruch stattfindet, wenn jemand wütend wird, dann wird das ganze Kind in seinem Inneren ein Bild dieses Zornesausbruchs haben. Der Ätherleib (s. Fachausdrücke S. 231) macht ein Bild davon. Von dem geht dann in die ganze Blutzirkulation und in die ganzen Stoffwechselgefäße etwas über, was mit dem Zornesausbruch verwandt ist.

Das ist in den ersten sieben Jahren so, danach richtet sich der Organismus ein. Natürlich sind das nicht grobe Dinge, feine Dinge sind es. Aber, wenn das Kind in der Nähe eines zornigen Vaters oder einer zornigen Erzieherin aufwächst, dann wird sich das Gefäßsystem auf Zorn einstellen, es wird sich danach einrichten. Das ganze Leben hindurch bleibt dann das, was aus dieser eingepflanzten Anlage kommt.

Das sind die allerwichtigsten Dinge beim Kind. Was wir dem Kind sagen, was wir das Kind lehren, das macht keinen Eindruck. Es macht den Eindruck, dass das Kind in der Sprache das imitiert, was wir ihm sagen. Aber wie wir sind, ob wir gut sind und diese Güte in unseren Gesten zum Vorschein bringen, oder ob wir böse sind, zornmütig sind, und das in unseren Gesten zum Vorschein bringen, kurz, alles, was wir selbst sind und tun, setzt sich in dem Kind drinnen fort. Das ist das Wesentliche.

Das kleine Kind ist ganz Sinnesorgan, es reagiert auf alles, was durch Menschen als ein Eindruck in ihm hervorgerufen wird. Daher ist es das Wesentliche, dass wir nicht glauben, das Kind könnte «lernen», was gut, was schlecht ist, es könnte dies und jenes lernen, sondern dass wir wissen: Alles, was wir in der Nähe des Kindes tun, setzt sich im kindlichen Organismus in Geist, Seele und Leib um.

Die Gesundheit des ganzen Lebens hängt davon ab, wie wir uns in der Nähe des Kindes benehmen. Die Neigungen, die das Kind entwickelt, hängen davon ab, wie wir uns in der Nähe des Kindes benehmen.

Sodass all die Dinge, die gewöhnlich in den Kindergärten empfohlen werden, man soll dies und jenes mit den Kindern machen, nichts sind. Es ist meistens außerordentlich «gescheit», was man als Kindergartenunterricht aufbringt. Man muss sich ganz entzückt über die Gescheitheit dessen erklären, was da im Laufe des 19. Jahrhunderts für den Kindergarten ausgedacht worden ist. Die Kinder lernen da schon so viel, lernen fast schon lesen oder irgendetwas. Buchstaben bekommen sie, die sie in ausgeschnittene Buchstaben hineinzulegen haben und solche Sachen.

Es sieht alles furchtbar gescheit aus, und man kann leicht versucht sein, zu glauben, dass das etwas ist, was für die Kinder taugt. Nichts nutz ist es, gar nichts taugt es in Wirklichkeit. Die ganze Seele des Kindes wird dadurch nur verdorben. Bis in den Leib hinein, bis in die Gesundheit hinein wird das Kind verdorben. Schwächlinge für Leib und Seele werden im späteren Leben durch solche Kindergartenarbeiten erzeugt.

Würde man dagegen einfach die Kinder in den Kindergarten hereinnehmen, sich selbst so verhalten, dass die Kinder es nachmachen können, würde man allerlei Dinge machen, die die Kinder nachahmen, aus eigenem Antrieb nachahmen, wie sie es gewohnt sind vom Seelensein her im vorirdischen Dasein, dann würde das bedingen, dass die Kinder uns ähnlich werden. Aber es hängt von uns ab, dass sie uns ähnlich werden können, dass wir so sind, dass sie uns ähnlich werden dürfen.

Das ist für die ersten sieben Lebensjahre ins Auge zu fassen, nicht das, was wir im Wort, im Äußeren, als eine Moralanschauung betrachten.

Es kommt in Betracht, ob wir ein furchtbar griesgrämiges Gesicht machen, sodass das Kind den Eindruck hat, wir seien ein Sauertopf. Das schadet dem Kind das ganze Leben hindurch. Daher ist es gerade für kleine Kinder notwendig, dass wir als Erzieher ganz in dem aufgehen, was Menschenbetrachtung und Menschenleben ist. Was für Programmpunkte wir uns setzen, ist ganz gleichgültig. Was für ein Mensch wir sind, das kommt in Betracht. Programme zu machen, das ist leicht in unserer Zeit, weil in unserer Zeit alle Menschen so gescheit sind.

Ich sage das nicht aus Ironie. In unserer Zeit sind die Menschen alle gescheit. Wenn sich ein paar Menschen nur zusammensetzen, ein, zwei, drei Menschen, und ausdenken, dies und jenes soll im Unterricht oder in der Erziehung geschehen, so wird immer etwas Gescheites herauskommen. Ich habe noch keine dummen Erziehungs- und Unterrichtsprogramme kennengelernt, die sind immer sehr gescheit.

Es kommt aber nicht darauf an, dass man solche Programme hat, sondern, dass man in der Schule Menschen hat, die in der Weise wirken, wie ich es eben angedeutet habe.

Diese Gesinnung muss man entwickeln, denn auf die Gesinnung kommt es gerade in der Lebensepoche des Kindes ungeheuer viel an, in der das Kind ganz Sinnesorgan ist.

Dann, wenn der Zahnwechsel sich vollzogen hat, dann ist das Kind nicht mehr in demselben Grad Sinnesorgan wie früher. Das nimmt schon ab von dem Lebensalter zwischen dem dritten und vierten Jahr, aber bis dahin hat das Kind ganz besondere Eigentümlichkeiten, die man meistens gar nicht kennt. Wenn wir etwas essen, etwas Süßes oder Saures, so spüren wir das an Zunge und Gaumen. Wenn das Kind Milch trinkt, spürt es den Milchgeschmack durch den ganzen Körper, denn es ist auch in Bezug auf das Schmecken ganz Sinnesorgan. Es schmeckt durch den ganzen Körper. Und da kann man manchmal ganz merkwürdige Erfahrungen machen.

Es gibt Kinder – sie sind jetzt selten, weil sich die Kinder nach den Erwachsenen richten, sie werden mit 15, 16 oder 20 Jahren verwelkte Kinder, sie verlieren die Frische –, aber es gibt Kinder, bei denen man noch in unserer Zeit die Erfahrung machen kann, dass sie wirklich ganz Sinnesorgan sind. Es ist dann nur schwer für solche Kinder.

Ich lernte einen kleinen Knaben kennen. Wenn man ihm etwas vorstellte, was ihm schmecken sollte, wo er schon wahrnahm, dass es ihm schmecken würde, da näherte er sich nicht bloß mit den Organen, mit denen man sich der Speise nähert, sondern er ruderte mit Händen und Füßen hin, er war ganz Geschmacksorgan. Das Merkwürdige ist, dass er dann im 9., 10. Jahr ein ausgezeichneter Eurythmist wurde, für die Eurythmie furchtbar viel Verständnis bekam, sodass das, was sich da in seinem Rudern für das Essen veranlagt hatte, sich in den Willensorganen ausbildete.

Solche Dinge führe ich aber nicht an, um einen Witz zu machen, meine lieben Freunde, sondern um an ihnen zu zeigen, wie man beobachten soll. Man findet sehr selten im Leben, dass einem die Leute solche Dinge erzählen, aber sie kommen alle Augenblicke vor. An diesen charakteristischen Äußerungen des Lebens gehen die Menschen vorbei, und sie denken sich dann etwas aus, wie man erziehen soll, statt das Leben zu beobachten.

Das Leben ist von morgens bis abends überall interessant. Die kleinsten Dinge sind interessant. Beobachten wir nur zwei Menschen, die eine Birne vom Desserttisch nehmen. Keine zwei Menschen nehmen die Birne in gleicher Weise, es ist immer verschieden. Der ganze Charakter eines Menschen lebt sich darin aus, wie er eine Birne aus dem Schüsselchen nimmt und auf seinen Teller legt, oder gar nicht auf seinen Teller legt, sondern am Teller vorbeigeht und zum Mund führt.

Würde man für solche Dinge im Leben mehr Beobachtungssinn entwickeln, so würde sich jene Scheußlichkeit in der Schule nicht entwickeln, die man heute so oft sieht. Man sieht fast kein Kind mehr, das die Feder oder den Griffel ordentlich hält. Der Griffel oder die Feder werden falsch gehalten, weil man keinen Sinn dafür hat, richtig zu beobachten. Das ist überhaupt schwer.

Das ist auch in der Waldorfschule nicht leicht. Man kommt häufig in eine Klasse hinein, wo man erst ordentlich aufräumen muss in Bezug auf Federhaltung, Griffelhaltung und so weiter. Man sollte in dieser Beziehung gar nicht außer Acht lassen, dass der Mensch ein Ganzes ist, dass der Mensch nach allen Richtungen hin Geschicklichkeit erwerben muss. Lebensbeobachtung, das ist es, was der Lehrende, der Erziehende auch für die Kleinigkeiten des Lebens braucht.

Und wenn wir etwas in Grundsätze geformt haben wollen, so nehmen wir das als den ersten Grundsatz einer wirklichen pädagogischen Kunst: Du musst das Leben in allen seinen Äußerungen beobachten. Wir können nicht genug nach dieser Richtung lernen.

Sehen wir uns nur einmal Kinder von hinten an. Die einen gehen so, dass sie die Fußsohle ganz aufsetzen, die anderen trippeln auf den Vorderfüßen. Alles Mögliche kann dazwischen liegen. Man muss von einem Kind, das man erziehen will, ganz genau wissen, wie es geht. Denn ein Kind, das mit den Fersen auf den Boden fest auftritt, zeigt in dieser kleinen Eigenschaft des körperlichen Sich-Offenbarens, dass es in seinem vorhergehenden Erdleben fest im Leben dringestanden hat, dass es sich im vorhergehenden Erdleben für alles interessiert hat. Man wird bei einem solchen Kind darauf sehen müssen, dass man die Dinge möglichst aus dem Kind selbst herausholt, denn es steckt viel in Kindern drinnen, die mit der Ferse stark auftreten.

Dagegen die Kinder, die trippeln, die mit der Ferse kaum auftreten, die haben das vorige Erdleben in flüchtiger Weise vollbracht. Man wird bei ihnen nicht viel herausholen können. Man wird darauf sehen müssen, dass man viel in ihrer Nähe macht, damit sie viel nachmachen können.

Und so muss man beobachtend den Übergang im Zahnwechsel erleben. Man wird finden, dass das Kind vor allen Dingen die symbolisierende Gabe, die Fantasiegabe aus dem herausentwickelt, dass es vorher ganz Sinnesorgan ist, und damit muss man rechnen, rechnen auch schon im Spiel. Unsere materialistische Zeit sündigt furchtbar dagegen.

Es handelt sich zum Beispiel darum, dass man heute überall sogenannte schöne Puppen für die Kinder bekommt. O, die haben ein so schön geformtes Gesicht, wunderbar gestrichene Wangen, sogar Augen, mit denen sie schlafen können, wenn man sie hinlegt, echte Haare, und was nicht alles! Aber damit wird die Fantasie des Kindes totgemacht. Es kann aus dieser Gestalt in der Fantasie selbst nichts mehr machen. Das Kind hat auch nicht viel Freude daran.

Dagegen – macht man selbst eine Puppe aus einer Serviette oder aus einem Taschentuch, mit zwei Tintenklecksen die Augen, mit einem Tintenklecks einen Mund, man kann auch irgendwie Arme formen. Dann kann das Kind mit der Fantasie sehr viel dazusetzen. Das ist es, was für das Kind ganz besonders gut ist: möglichst viel dazusetzen zu können, die Fantasie, die symbolisierende Tätigkeit entwickeln zu können. Das ist dasjenige, was man suchen muss: möglichst wenig Fertiges, «Schönes», wie man es nennt.

Denn das «Schöne» solch einer Puppe, wie ich sie vorhin beschrieben habe, mit echten Haaren und so weiter, das ist nur konventionell schön. In Wahrheit ist sie scheußlich, diese Puppe, weil sie unkünstlerisch ist. Das ist es, dass man genau gewahr wird, wie in dem Lebensalter, das den Zahnwechsel in sich schließt, das Kind in das Fantasieleben übergeht, nicht in das Verstandesleben, sondern in das Fantasieleben übergeht. Da müssen auch wir als Lehrer, als Erzieher das entwickeln können.

Fantasieleben können diejenigen Menschen entwickeln, die im Inneren ihrer Seele wirkliche Menschenkenntnis haben. Es ist schon so, Menschenkenntnis lässt das innere Seelenleben auftauen, lässt das Lächeln in die Physiognomie des Gesichtes kommen. Das Griesgrämigsein kommt von der Unkenntnis. Man kann irgendein krankes Organ haben und dadurch irgendwelche krankhaften Züge im Gesicht haben, die machen es aber nicht aus, darüber geht das Kind hinweg. Das aber, was sich in der Physiognomie ausdrückt von dem Innersten der Seele, die mit Menschenkenntnis erfüllt ist, das macht den Lehrer fähig, ein wirklicher Menschenkenner zu werden. (Es wird übersetzt).

II.

Meine lieben Freunde! Aus dem Wesen der Fantasie heraus muss zwischen dem Zahnwechsel und der Geschlechtsreife erzogen werden.

Was bei dem Kind in den ersten Jahren so da ist, dass es ganz Sinnesorgan ist, das wird mehr verinnerlicht, wird mehr seelisch. Die Sinnesorgane denken nicht, sie nehmen Bilder wahr, beziehungsweise sie formen Bilder aus den äußeren Gegenständen. Auch wenn das, was das Kind als Sinnesorgan hervorbringt, seelisch wird, so wird nicht ein Gedanke daraus, sondern es wird ein Bild, wenn auch ein seelisches Bild. Es wird ein Fantasiebild. Daher muss man vor dem Kind in Bildern arbeiten.

Am wenigsten kann in Bildern gearbeitet werden, wenn man an das Kind von vornherein etwas ganz Fremdes heranbringt. Ganz fremd aber ist für das Kind das, was wir heute zum Beispiel in unserer Schrift haben, ob in den geschriebenen oder in den gedruckten Buchstaben. Das Kind hat gar keine Beziehung zu so etwas, wie etwa ein A ist (s. Tafel S. 113, oben rechts).

Warum sollte das Kind irgendeine Beziehung zu so etwas wie einem A haben? Warum sollte das Kind sich irgendwie für ein L interessieren? Es ist etwas ganz Fremdes – A L, das ist etwas ganz Fremdes. Trotzdem geht man an das Kind heran, wenn es in die Schule kommt, und will ihm diese Dinge vermitteln.

Die Folge davon ist, dass das Kind sich ganz und gar fremd fühlt demgegenüber, was es vollbringen soll. Und wenn man gar vor dem Zahnwechsel mit diesen Dingen an das Kind herankommt, es in allerlei ausgeschnittene Dinge Buchstaben hineinstopfen lässt, beschäftigt man das Kind mit Dingen, die ihm ganz fernliegen, zu denen es nicht das geringste Verhältnis hat.

Dagegen hat das Kind von vornherein einen künstlerischen Sinn, eine sinnbildende Fantasie. An diese muss man appellieren, an diese muss man sich wenden. Man muss versuchen, zunächst gar nicht an diese konventionellen Buchstaben heranzurücken, die in der Schrift und im Druck der zivilisierten Menschheit gegeben sind, sondern man muss versuchen, in einer geistvollen Weise – verzeihen Sie, dass ich das Wort anwende – die Kulturentwicklung der Menschheit mit dem Kind durchzumachen.

Die Menschen haben früher eine Bilderschrift gehabt, das heißt, sie haben etwas auf das Blatt hingemalt, was an den Gegenstand erinnerte. Wir brauchen nicht Kulturgeschichte zu studieren, aber wir können den Sinn und Geist dessen, was die Seelen mit der Bilderschrift wollten, vor das Kind hinbringen. Dann wird sich das Kind dabei zu Hause fühlen.

Denken wir nur einmal das Folgende. Nehmen wir das Wort «Mund», das im Englischen «mouth» heißt. Wenn wir das Kind veranlassen, einen Mund zu zeichnen, aber malend zu zeichnen, Farbenkleckse hinmachen lassen mit roter Farbe, und dann das Kind das Wort aussprechen lassen, dann dem Kind sagen: Nun sprich aber nicht das ganze Wort aus, sondern fange es nur an: M, und machen wir aus der Oberlippe (s. Zeichnung S. 113, links unten) allmählich dieses M, so bekommen wir aus dem Mund, den wir zuerst gemalt haben, das M heraus.

So ist die Schrift entstanden, nur dass man heute schwer an den Worten noch erkennt, dass die Buchstaben Bilder waren, weil die Laute alle verschoben sind, im Laufe der Sprachentwicklung verschoben worden sind. Ursprünglich hatte jeder Laut sein Bild, und seine Bildmöglichkeit war eindeutig. Wir brauchen nicht auf diese ursprünglichen Charaktere zurückzugehen, aber wir können erfinderisch werden.

Meine lieben Freunde, erfinderisch muss der Lehrer sein, er muss aus dem Geist der Sprache heraus schöpferisch sein.

Nehmen wir das Wort «Fisch», das auch im Englischen «fish» ist. Lassen wir das Kind zeichnen, malen eine Art

Fisch (s. Zeichnung, rechts), lassen wir den Anfang des Wortes sprechen: F. Wir kriegen nach und nach das F heraus aus dem Bild. Und so finden wir für alle Konsonanten, für alle Mitlaute, die Bilder, wenn wir erfinderisch sind. Wir können sie aus dem malenden Zeichnen, aus dem zeichnenden Malen herausholen.

Das ist unbequemer als die Methoden, die man heute vielfach anwendet. Vor allen Dingen muss man dann, wenn man die Kinder das zwei oder drei Stunden lang hat machen lassen, hinterher das Gemalte aufräumen, muss man all das, was die Kinder benutzt haben, wegräumen. Aber das muss geschehen, es bleibt nichts anderes übrig.

Daraus ersehen wir, wie wir aus dem Bild heraus den Buchstaben und das Bild wiederum aus dem unmittelbaren Leben holen können. Das sollen wir tun: nicht zuerst lesen lehren, sondern zuerst vom zeichnenden Malen, malenden Zeichnen ausgehen, daraus die Buchstaben entstehen lassen, und dann erst dazu übergehen, zu lesen. Für die Konsonanten werden wir überall etwas finden, wo wir von Dingen ausgehen können. Wir müssen nur suchen, wir werden überall so etwas finden, wo wir den Anfangslaut, den Anfangsbuchstaben aus einem Wort bekommen können.

Für die Vokale ist es nicht so leicht. Aber für die Vokale ist Folgendes möglich. Wir sagen dem Kind: Sieh einmal die schöne Sonne! Die musst du doch bewundern! Stell dich einmal so auf, dass du hinaufschaust, um die schöne Sonne zu bewundern. Nun steht das Kind so da, schaut hinauf, und drückt die Verwunderung aus: Ah! Das malen wir auch noch hinzu. Es ist dann das hebräische A (s. Zeichnung, Mitte oben), der Laut A, der Laut der Verwunderung. Wir brauchen das jetzt nur klein werden zu lassen und allmählich auf das A übergehen.

Und so werden wir auch, wenn wir inneres Seelisches, namentlich eurythmische Bewegungen vor das Kind hinstellen, es sich selbst in diese Lage versetzen lassen. So werden wir auch die Vokale herausbringen. Die Eurythmie wird da eine ungeheuer starke Hilfe geben können, weil die Laute im Eurythmischen schon gebildet sind. Denken wir nur an O: Man umfasst etwas, liebend umfasst man etwas. Daraus kann man das O bekommen. Man kann aus der Geste, aus der Gebärde, die Vokale bekommen.

Und so arbeitet man aus dem Anschauen, aus der Fantasie heraus. Man wird es dann erreichen, dass die Kinder nach und nach die Laute, die Buchstaben aus den Dingen gewinnen. Vom Bild muss man ausgehen. Der Buchstabe, wie er heute fertig in der Zivilisation vorliegt, der hat eine Geschichte hinter sich. Der ist etwas aus einem Bild Vereinfachtes, und man erkennt aus dem heutigen Zeichen nicht mehr, wie das Bild einmal war.

Als die Europäer, die «weißen Menschen», nach Amerika gekommen sind, als noch «Wilde» da waren, die Indianer – noch in der Mitte des 19. Jahrhunderts haben sich solche Dinge zugetragen –, haben sie diesen Wilden Schriftzeichen, Gedrucktes vorgewiesen. Da sind die Indianer davongelaufen, weil sie das für kleine Teufelchen gehalten haben, was da als Buchstaben vorhanden war. Sie haben gesagt: Die Blassgesichter, die verständigen sich durch kleine Teufel! Man nannte die Europäer unter den Indianern Bleichgesichter, Blassgesichter. Sie meinten: Die verständigen sich durch kleine Teufelchen, durch Dämonen!

Aber das sind sie auch für die Kinder, die Buchstaben! Sie bedeuten gar nichts für die Kinder. Das Kind empfindet, und es hat Recht, in den Buchstaben etwas Dämonisches. Es ist ein Zaubermittel geworden, weil es nur ein Zeichen ist. Man muss vom Bild ausgehen. Das Bild ist kein Zeichen, es ist etwas Reales, und aus dem heraus muss man arbeiten.

Da kommen dann die Leute und sagen: Ja, aber die Kinder können dann zu spät lesen und schreiben! Das hängt nur davon ab, dass man heute nicht weiß, wie schädlich es ist, wenn die Kinder früh lesen und schreiben lernen. Es ist sehr schlimm, wenn man früh schreiben kann. Lesen und Schreiben, so wie wir es heute haben, ist etwas für den Menschen erst in späteren Lebensjahren, so im 11., 12. Lebensjahr. Und je mehr man damit begnadet ist, kein Lesen und Schreiben vorher fertig zu kriegen, desto besser ist es für die späteren Lebensjahre.

Derjenige, der mit dem 14., 15. Lebensjahr noch nicht ordentlich schreiben kann – ich kann da aus eigener Erfahrung sprechen, weil ich es mit 14, 15 Jahren noch nicht konnte –, der verlegt sich nicht so viel für die spätere spirituelle Entwicklung, als derjenige, der früh, mit sieben, acht Jahren schon fertig lesen und schreiben kann. Das sind Dinge, die gerade der Lehrer beachten muss.

Man wird natürlich heute, da man aus einer Privatschule die Kinder in das öffentliche Leben hineinzustellen hat, nicht ganz so vorgehen können, wie man sollte. Aber man kann viel erreichen, wenn man die Dinge kennt. Um das Wissen handelt es sich dabei.

Vor allen Dingen soll man durchdringend wissen, erkennen, dass man nicht das Lesenlernen vor dem Schreibenlernen treiben soll, denn im Schreiben, insbesondere, wenn es aus dem malenden Zeichnen, aus dem zeichnenden Malen herausgeholt ist, im Schreiben beteiligt sich der ganze Mensch. Die Finger sind dabei beteiligt, die Lage des Körpers, der ganze Mensch ist dabei beteiligt. Beim Lesen ist nur der Kopf beteiligt. Und man soll möglichst spät das an das Kind heranbringen, was nur einen Teil des Organismus in Tätigkeit versetzt und den anderen gleichgültig lässt. Das Allerwichtigste ist, dass man den ganzen Menschen in Bewegung, in Regsamkeit bringt zuerst, und erst später nur einen Teil.

Wenn man so vorgehen will, dann kann der Lehrer nicht Anweisungen bekommen, die bis ins Kleinste gehen, sondern nur eine Direktive, eine Richtlinie. Daher können Sie gerade bei dieser Unterrichtsmethode, wie sie aus der Anthroposophie folgt, mit nichts anderem rechnen, als mit der absoluten Freiheit, aber auch mit der frei schaffenden Fantasie der Lehrenden und Erziehenden.

Sehen Sie, wir sind in der Waldorfschule mit einem bedenklichen Erfolg gesegnet, mit einem recht bedenklichen Erfolg gesegnet. Wir haben mit 130, 140 Schülern angefangen, die wir noch dazu aus dem Industriebetrieb von Emil Molt bekommen haben – die also Zwangskinder waren damals –, und mit einigen Kindern von Anthroposophen. In der kurzen Zeit des Bestandes der Waldorfschule ist sie so gewachsen, dass wir jetzt über 800 Kinder und zwischen 40 und 50 Lehrkräfte haben – also ein bedenklicher Erfolg, weil nach und nach die Dinge unüberschaubar werden.

Aus den Einrichtungen der Waldorfschule, die ich Ihnen schildern werde, werden Sie sehen, wie schwer das dann noch zu überschauen ist. Es kann natürlich überschaut werden, aus Gründen, die ich später auch andeuten werde. Da haben wir Parallelklassen einrichten müssen, drei nebeneinanderlaufende 5. und 6. Klassen, Klasse a, b, c. Die sind noch immer überfüllt, haben noch immer mehr Kinder als andere Klassen der Schule.

Da steht eine Lehrkraft in der einen Klasse 5a, eine andere in der Klasse 5b. Denken Sie sich, wie das ist im «richtigen» Unterricht. Da kommen Sie in die erste Klasse – 5a – hinein: Da drinnen wird nach einer bestimmten Methode gedrillt, die man als die beste anschaut. Jetzt gehen Sie in die zweite Klasse – 5b – hinein: Es könnte auch 5a draufstehen, nur andere Kinder sitzen drinnen, denn in beiden Klassen geht es gleich zu, weil das die «richtige» Unterrichtsmethode ist. Natürlich, die Leute denken das mit Gescheitheit aus, das Intellektuelle ist etwas Eindeutiges: So muss es sein.

Bei uns finden Sie das gar nicht in der Waldorfschule. Bei uns gehen Sie in die Klasse 5a hinein, da sehen Sie einen Lehrer oder eine Lehrerin drinnen, die treibt Schreibunterricht, lässt die Kinder allerlei Formen machen, sagen wir, aus Fäden, diese dann führen sie in Malerisches über, in Malendes. Es entstehen nach und nach Buchstaben. Einer zweiten Lehrerin gefällt es anders. Wenn sie in die Klasse

5b hineingehen, finden Sie: Die Lehrerin lässt die Kinder die Formen in der Klasse herumtanzen, am eigenen Leib erleben. Dann lässt sie das fixieren.

Niemals werden Sie finden, dass es in der Klasse 5a, 5b und 5c ganz gleich zugeht. Es geschieht dasselbe, aber auf ganz verschiedene Art. Eine frei schaffende Fantasie waltet da. Es gibt keine Vorschrift, sondern es gibt nur einen Geist der Waldorfschule. Das ist sehr wichtig, dass man das erfasst. Der Lehrer ist autonom. Der Lehrer kann das tun, was er für richtig hält, innerhalb des gleichen Geistes.

Sie werden sagen: Ja, wenn jeder tun kann, was er will, dann kann das Chaotischste in der Schule geschehen; dann kommt man in die Klasse 5a hinein, da wird, was weiß ich, was für ein Hokuspokus getrieben; dann kommt man in die Klasse 5b hinein, da wird irgendwo ein Schachspiel getrieben!

Das Wesentliche ist aber wiederum, dass es in der Waldorfschule nicht so ist. Sie finden überall Freiheit, und dennoch ist in jeder Klasse überall der Geist drinnen, der dem Lebensalter des Kindes entspricht.

Wenn Sie die Seminarkurse nehmen, so werden Sie sehen: Sie lassen die größte Freiheit, und dennoch, sie stellen in die Klasse das hinein, was hineingehört. Und das Eigentümliche ist, kein Lehrer hat sich je dagegen aufgelehnt. Alle nehmen den einheitlichen Geist ganz freiwillig auf. Keiner lehnt sich auf, keiner will etwas extra haben. Im Gegenteil, es entsteht sogar oft die Sehnsucht, recht viel in den Konferenzen darüber zu reden, was in den Klassen sein soll. Nicht wahr, Dr. von Baravalle? (Dr. von Baravalle: Sicher!)

Warum lehnt sich denn kein Lehrer gegen den Lehrplan auf? Wir haben schon Jahre hinter uns. Was glauben Sie, dass der Grund davon ist? Jeder hält ihn für vernünftig! Er findet ihn gar nicht unvernünftig. Er findet ihn in seiner Freiheit ganz vernünftig, weil er mit dem zusammenhängt, was wirkliche Menschenerkenntnis ist.

Aber gerade, indem man auf diese Dinge kommt, auf das Schaffen des Unterrichtsstoffes aus der Fantasie heraus, sieht man, dass Freiheit in der Schule walten muss. Die waltet auch. Jeder Lehrer hat bei uns das Gefühl, dass er nicht nur auf das kommt, was er selbst ausdenkt und in seiner Fantasie findet, sondern ich gewinne immer mehr die Überzeugung – ob ich in den Konferenzen mit den Waldorf-Lehrern sitze, ob ich in die Klassen komme –, ich gewinne immer mehr die Überzeugung, dass jeder vergisst, wenn er in der Klasse ist, dass ein Lehrplan einmal fixiert, aufgestellt worden ist. Er hält ihn in dem Moment, wo er unterrichtet, für sein eigenes Werk. Dieses Gefühl habe ich, wenn ich da hineinkomme. Ist es nicht so, Dr. von Baravalle? (Dr. von Baravalle: Ich spüre gar nicht, dass er da ist, der Lehrplan!)

Das sind die Dinge, die sich ergeben, wenn wirkliche Menschenerkenntnis zugrunde gelegt wird. Ich muss Ihnen das sagen, trotzdem Sie glauben könnten, es wird aus Eitelkeit gesagt. Aber es wird nicht aus Eitelkeit gesagt, sondern damit Sie es wissen und es ebenso machen können, und damit Sie sehen, wie das, was aus wirklicher Menschenerkenntnis kommt, auch wirklich in das Kind hineingeht. (Es wird übersetzt).

III.

Meine lieben Freunde! Auf die Fantasie ist der ganze Unterricht zu bauen, ist die ganze Erziehung zu bauen.

Man muss sich klar darüber sein, dass das Kind vor dem 9. oder 10. Lebensjahr sich nicht von seiner Umgebung als ein Ich zu unterscheiden weiß. Aus einem gewissen Instinkt heraus spricht das Kind längst von sich in der Ich-Form, aber in Wirklichkeit fühlt es sich in der ganzen Welt drinnen. Es fühlt die ganze Welt mit sich verwandt.

In dieser Beziehung herrschen heute recht abenteuerliche Begriffe. Man spricht von primitiven Völkern so, dass man sagt, sie haben den «Animismus» als ihre Weltempfindung. Sie behandeln leblose Gegenstände, wie wenn sie beseelt wären. Und man glaubt, das Kind zu verstehen, wenn man sagt, es verhält sich in seinem Gemüt auch so, wie ein wilder, wie ein primitiver Mensch. Wenn es sich an einem eckigen Gegenstand stößt, so schlägt es ihn, weil es ihn «beseelt».

Aber, meine lieben Freunde, das ist gar nicht wahr. In Wirklichkeit beseelt das Kind nicht, sondern es macht nur noch nicht den Unterschied zwischen dem Lebendigen und dem Leblosen. Es betrachtet alles als eine Einheit, und sich auch als eine Einheit mit der Umgebung. Erst zwischen dem 9. und 10. Lebensjahr lernt das Kind sich von der Umgebung zu unterscheiden. Und das muss man im strengsten Sinne berücksichtigen, wenn man den ganzen Unterricht sinnvoll orientieren will.

Da ist es notwendig, dass man alles, was an Pflanzen, an Tieren, selbst an Steinen in der Umgebung des Kindes ist, so bespricht, dass die Dinge miteinander reden, dass die Dinge sich miteinander menschlich verhalten, dass sie einander Mitteilungen machen, dass sie einander hassen und lieben. Anthropomorphismen muss man in der erfinderischsten Weise gebrauchen, alles so behandeln, wie der Mensch ist: nicht in gescheiter Weise etwas «beseelen», sondern so, wie das Kind es aufzufassen in der Lage ist, indem es noch nicht zwischen dem Leblosen und dem Lebendigen unterscheidet.

Für das Kind ist noch kein Grund dazu da, zu denken, dass der Stein keine Seele hat und der Hund eine Seele hat, sondern das Kind macht erst den Unterschied, dass sich der Hund bewegt und der Stein nicht. Aber die Bewegung schreibt es nicht der Beseelung zu, sondern behandelt alles als beseelt und belebt, so, wie wenn Menschen miteinander sprechen, denken, empfinden, wie wenn Menschen gegeneinander Sympathien und Antipathien entwickeln. Daher muss alles, was man an das Kind in diesem Lebensalter heranbringt, ins Märchenhafte, ins Legendenhafte, in die beseelte Erzählung gegossen sein. Das Kind empfängt dadurch für sein instinktives Seelisch-Fantasievolles die allerbeste Seelenanregung. Darauf ist zu sehen.

Wenn das Kind in dieser Zeit mit allerlei Intellektualismen angefüllt wird – und das wird es, wenn man nicht alles, was man an das Kind heranbringt, ins Bildhafte umsetzt –, dann wird das Kind später das an seinem Gefäßsystem, auch an seinem Zirkulationssystem zu empfinden haben. Man muss das Kind nach Geist, Seele und Leib – das muss immer wieder gesagt werden – als eine Einheit betrachten.

Um das zu können, muss der Lehrer einen künstlerischen Sinn in seiner Seele haben, er muss artistisch veranlagt sein, denn das, was vom Lehrer auf das Kind wirkt, ist nicht das, was er ausdenkt oder was er in Begriffe bringt, sondern es sind die Imponderabilien (das Unwägbare/Feine/Subtile) des Lebens, wenn ich mich des Ausdrucks bedienen darf.

Unbewusst geht ungeheuer viel vom Lehrer, vom Erziehenden, auf das Kind über. Der Lehrer muss sich dessen bewusst sein, wenn er Märchen, wenn er Geschichten, die durchseelt sind, wenn er Legenden dem Kind erzählt. Da tritt sehr, sehr häufig in unserer materialistischen Zeit die Tatsache auf, die man zu sehr merkt, dass der Lehrer das, was er erzählt, als kindisch betrachtet. Es ist etwas, woran er selbst nicht glaubt.

Da tritt Anthroposophie, wenn sie die Leiterin und Lenkerin der wahren Menschenerkenntnis ist, in richtiger Weise auf. Wir werden in der Anthroposophie gewahr, dass man eine Sache unendlich reicher, unendlich viel reicher ausdrücken kann, wenn man sie ins Bild kleidet, als wenn man sie in abstrakte Begriffe bringt. Ein gesund veranlagtes Kind hat das Bedürfnis, alles ins Bild zu bringen, alles in Bildern auch zu empfangen.

Man darf da immer wieder auf Goethe hinweisen (*Dichtung und Wahrheit,* 4. Buch), der als Knabe Klavier spielen lernen musste. Er wurde angewiesen, wie er den ersten Finger, den zweiten Finger und so weiter zu gebrauchen hat. Aber das war ihm unsympathisch, und er erfand selbst dem trockenen, pedantischen Lehrer gegenüber – denn der alte

Vater war ein Urphilister, so ein richtiger Frankfurter Philister, der nahm natürlich auch philiströse Lehrer am liebsten, weil die «die guten» sind, nicht wahr –, das war ihm zuwider, dem Buben Goethe, das war ihm zu abstrakt. Da erfand er für sich selbst den «Deuterling», nicht den Zeigefinger, das ist abstrakt, aber den Deuterling! Das Kind will das Bild, will sich selbst als Bild fühlen.

Das ist notwendig zu berücksichtigen, dass der Lehrer Fantasie braucht, artistisch sein muss. Dann tritt er mit der nötigen Lebendigkeit an das Kind heran. Und diese Lebendigkeit wirkt im allerbesten Sinne «imponderabel» auf das Kind.

Da ist es so, dass wir durch die Anthroposophie wieder lernen, selbst an die Legenden, an die Märchen, an die Mythen zu glauben, weil sie in der Imagination (im Bild) eine höhere Wahrheit ausdrücken. Wir finden uns wieder in die seelische Behandlung des Mythischen, des Legendenhaften, des Märchenhaften hinein. Dadurch strömt unsere Rede, wenn wir zu dem Kind sprechen, heran an das Kind von dem eigenen Glauben an die Sache durchdrungen.

Das bringt Wahrheit zwischen den Erziehenden und das Kind, während oft so viel Unwahrheit zwischen den Erziehenden und den Kindern waltet. Unwahrheit waltet sofort, wenn der Lehrer denkt: Das Kind ist dumm, ich bin gescheit; das Kind glaubt an die Märchen, die muss ich ihm daher erzählen, das schickt sich so für das Kind; ich bin aber gescheit, ich glaube nicht daran!

Da kommt sogleich der Verstand in das Erzählen hinein. Dafür hat das Kind gerade zwischen dem Zahnwechsel und der Geschlechtsreife das allerfeinste Gefühl, ob im Lehrer der Verstand oder die Fantasie waltet. Der Verstand wirkt verödend, verschrumpfend auf das Leben des Kindes, während die Fantasie belebt, anregt.

Diese allgemeinen Dinge müssen wir uns aneignen. Wir werden dann in den nächsten Tagen auf diese Dinge noch eingehender zu sprechen kommen, aber eines möchte ich noch zum Schluss vor Sie hinstellen.

Zwischen dem 9. und 10. Lebensjahr liegt für das Kind etwas außerordentlich Bedeutsames. Das muss der Lehrer bemerken. Abstrakt ausgesprochen liegt zwischen dem 9. und 10. Jahr das vor, dass das Kind sich von seiner Umgebung unterscheiden lernt, sich als ein Ich empfindet, die Umgebung als das Äußere, nicht zu dem Ich Gehörige. Das ist aber die Sache abstrakt ausgesprochen.

Die Wirklichkeit liegt so – natürlich ist das alles approximativ, annähernd –, dass das Kind in diesem Lebensalter mit irgendeiner Schwierigkeit an den geliebten Lehrer oder die geliebte Lehrerin herankommt. Meistens drückt das Kind gar nicht das aus, was ihm auf der Seele lastet, sondern etwas anderes. Man muss aber dann wissen, dass das aus dem innersten Untergrund der Seele kommt. Und da muss man die rechte Antwort finden, das rechte Verhalten finden. Davon hängt für das ganze Leben des betreffenden Menschen ungeheuer viel ab.

Denn Sie können gar nicht erziehen, unterrichten, Kindern gegenüber in diesem Lebensalter arbeiten, wenn sie nicht die selbstverständliche Autorität sind, wenn das Kind nicht das Gefühl hat: Etwas ist wahr, weil Sie es als wahr sagen, etwas ist schön, weil Sie es schön finden und es bemerklich machen, etwas ist gut, weil Sie es für gut halten. Sie müssen für das Kind der Repräsentant für das Gute, das Wahre und das Schöne sein. Das Kind muss an Wahrheit, Güte und Schönheit heranerzogen werden, weil es an Sie heranerzogen wird.

Und jetzt, zwischen dem 9. und 10. Jahr, kommt ganz instinktiv im Unterbewussten diese Empfindung über das Kind: Ich habe alles vom Lehrer, vom Erzieher – und woher hat er das? Was steckt hinter ihm?

Das braucht nicht weiter ausgeführt zu werden. Kommt man da mit Definitionen oder mit Erklärungen, so ist es von Schaden. Es ist wichtig, dass der Lehrer da ein herzliches, seelendurchtränktes Wort für das Kind findet. Es dauert in der Regel länger, die Schwierigkeiten dauern wochen-, monatelang. Es ist wichtig, dass der Lehrer ein seelendurchtränktes Wort für das Kind findet, sodass er über diese Klippe hinüber beim Kind die Autorität aufrechterhält.

Das ist die Krisis des autoritativen Prinzips beim Kind. Ist man ihr gewachsen, weiß man so viel Seele in die Art hineinzulegen, wie man gerade den Schwierigkeiten, die in diesem Lebenspunkt in dem Kind auftreten, mit der nötigen Innerlichkeit, Glaubhaftigkeit und Wahrhaftigkeit entgegenkommt, dass man die Autorität bewahrt, dann ist nicht nur deshalb etwas gewonnen, weil das Kind den Autoritätsglauben gegenüber dem Lehrer behält, was natürlich gut ist für den weiteren Unterricht, sondern es liegt in der Wesenheit des Menschen, dass er gerade in diesem Lebensalter, zwischen dem 9. und 10. Lebensjahr, nicht wankend werden darf in dem Glauben an den guten Menschen. Sonst wird alle innere Sicherheit, die im Leben weiterleiten soll, ins Wanken gebracht.

Das ist von ungeheurer Bedeutung, und an solche Dinge müssen wir uns halten. Es ist viel wichtiger als all die kniffligen und minutiösen Dinge, die in den Pädagogiken vorgeschrieben sind, so etwas zu wissen, was in einem Zeitpunkt des Lebens auftritt, und wie man sich dem gegenüber verhalten muss, damit das richtige Licht von solch einem Verhalten auf das ganze Leben des Kindes ausgestrahlt wird.

Dritter Vortrag

Pflanze und Erde, Tier und Mensch

Zu einer Erziehung ohne Strafe

Torquay, 14. August 1924

Meine lieben Freunde!

Wir wollen heute noch einiges über das Allgemeinere der Erziehungskunst während der Lebensepoche zwischen dem Zahnwechsel und der Geschlechtsreife charakterisieren, um dann in der nächsten Stunde auf Spezielleres in der Behandlung einzelner Gegenstände und einzelner Lebensumstände eingehen zu können.

Wenn das Kind zwischen dem 9. und 10. Lebensjahr angekommen ist, dann erst kann es sich von seiner Umgebung unterscheiden. Die Unterscheidung zwischen Subjekt und Objekt – Subjekt als das Eigene, Objekt als das andere – tritt da erst auf. Wir können da beginnen, von Außendingen zu sprechen, während wir vorher die Außendinge so behandeln müssen, als ob sie eins wären mit dem Körper des Kindes. Wir behandeln vorher die Außendinge wie sprechende und handelnde Menschen, habe ich gestern gesagt. Dadurch hat das Kind das Gefühl, dass die Außenwelt eine Fortsetzung seines eigenen Wesens ist.

Es handelt sich darum, dass das Kind, wenn es das 9. oder 10. Jahr überschritten hat, in die elementaren Tatsachen und Wesenheiten der Außenwelt einzuführen ist: in die Tatsachen des Pflanzenreichs und in die Tatsachen des Tierreichs. Von anderen Gegenständen werden wir noch sprechen. Aber gerade bei diesen Dingen müssen wir sehen, dass wir das Kind so einführen, wie es die Menschennatur verlangt.

Das Erste, was wir dabei tun müssen, das ist, dass wir alle Lehrbücher wegwerfen. Denn so, wie heute Lehrbücher beschaffen sind, enthalten sie nichts über das Pflanzen- und Tierreich, was man dem Kind beibringen kann. Diese Lehrbücher von heute sind gut, um erwachsenen Menschen Kenntnisse von Pflanzen und Kenntnisse von Tieren beizubringen. Aber wir verderben die Individualität des Kindes, wenn wir diese Lehrbücher in der Schule benutzen. Lehrbücher, Handbücher, die eine Anleitung dazu geben, wie man in der Schule vorzugehen hat, sind heute nicht vorhanden.

Es handelt sich um das Folgende: Wenn man dem Kind einzelne Pflanzen vorlegt und an einzelnen Pflanzen dies und jenes behandelt, so hat man etwas getan, was keine Wirklichkeit ist. Eine Pflanze für sich ist keine Wirklichkeit. Wenn wir uns ein Haar ausreißen und dieses Haar betrachten, als ob es eine Sache für sich wäre, so hat das keine Wirklichkeit.

Im trivialen Leben sagt man von all dem, was man mit Augen irgendwie begrenzt vor sich sieht, es sei eine Wirklichkeit. Aber es ist etwas anderes, ob man einen Stein beurteilt, den man vor sich hat, oder ob man ein Haar oder eine Rose beurteilt, die man vor sich hat. Der Stein wird nach zehn Jahren noch gerade dasselbe sein, was er heute ist, die Rose schon nach zwei Tagen nicht mehr. Sie ist nur eine Realität am ganzen Rosenstock. Das Haar ist gar keine

Realität für sich, ist nur eine Realität mit dem ganzen Kopf, am ganzen Menschen.

Wenn man auf die Felder hinausgeht und Pflanzen ausreißt, dann ist es so, wie wenn man der Erde die Haare ausreißen würde. Denn die Pflanzen gehören zur Erde ganz genau so wie die Haare zum Organismus des Menschen gehören. Ein Haar für sich zu betrachten, wie wenn es irgendwo für sich entstehen würde, ist ein Unsinn.

Ebenso ist es ein Unsinn, eine grüne Botanisiertrommel zu nehmen, Pflanzen nach Hause zu tragen und jede Pflanze für sich zu betrachten. Das entspricht nicht der Realität. Auf diese Weise ist es nicht möglich, richtige Natur- und Menschenerkenntnis zu erwerben. Wenn Sie hier eine Pflanze haben (s. Tafelzeichnung S. 114, links: gelb orange), so ist das nicht die Pflanze, sondern zu der Pflanze gehört auch noch das, was da als Boden darunter ist, unbegrenzt weit, vielleicht sehr weit.

Es gibt Pflanzen, die lassen noch Würzelchen in sehr großer Weite ausstrahlen (rote Striche). Dass das dazu gehört, das Stück Erde, in dem die Pflanze in weitem Umkreis drin ist, das kann uns die Tatsache lehren, dass man Dünger in die Erde hineingeben muss, wenn man von gewissen Pflanzen will, dass sie richtig wachsen. Das gehört auch dazu. Es lebt nicht bloß das Stück Pflanze (großer Kreis oberhalb der «Erde»), es lebt auch das, was hier ist, es lebt mit, gehört zur Pflanze dazu (großer Kreis unterhalb). Die Erde lebt mit.

Es gibt Pflanzen, die blühen im Frühling, sprossen auf gegen Mai, Juni und tragen ihre Früchte im Herbst. Dann verwelken sie, sterben ab. Sie stecken drinnen in der Erde, die zu ihnen dazugehört. Es gibt aber auch Pflanzen, die nehmen die Kräfte der Erde aus der Umgebung. Das ist die Erde (Zeichnung rechts, rot: «Erde»). Jetzt nimmt die Wurzel die Kräfte in sich auf, die in der Umgebung sind. Weil sie die Kräfte in sich aufgenommen hat, kommen die Kräfte der Erde da herauf, es wird ein Baum daraus (breite rote Linien).

Was ist denn ein Baum? Ein Baum ist eine Kolonie von vielen Pflanzen. Ob Sie da einen Hügel haben, der nur wenig lebt, und auf dem viele Pflanzen darauf sind, oder ob Sie den Stamm eines Baumes haben, wo in einem viel lebendigeren Zustand die Erde sich hineingezogen hat, das ist einerlei. Sie können gar nicht sachlich eine Pflanze für sich betrachten.

Fahren Sie durch eine Gegend, oder noch besser, gehen Sie in einer Gegend, in der bestimmte geologische Formationen sind, hier rot liegender Sand, und schauen sich die Pflanzen an: Es sind zumeist Pflanzen darauf mit gelb-rötlichen Blüten. Es gehören die Blüten zum Boden dazu. Boden und Pflanze sind eine Einheit, wie Ihre Kopfhaut und Ihre Haare.

Daher dürfen Sie nicht für das Kind erstens Geografie und Geologie, zweitens Botanik betrachten. Das ist ein Unsinn. Sondern die Geografie, die Beschreibung des Landes, und die Betrachtung der Pflanzen muss immer eines sein, denn die Erde ist ein Organismus und die Pflanzen sind so wie die Haare an diesem Organismus. Das Kind muss die Vorstellung bekommen, dass die Erde und die Pflanzen zusammengehören, dass jedes Stück Erde diejenigen Pflanzen trägt, die zu diesem Stück Erde gehören.

Es ist also richtig, dass Sie die Pflanzenkunde nur im Zusammenhang mit der Erde betrachten und im Kind eine deutliche Empfindung davon hervorrufen, dass die Erde ein lebendiges Wesen ist, das Haare hat. Die Haare sind die Pflanzen.

Man sagt von der Erde, dass sie eine Schwerkraft hat, die Gravitation. Die rechnet man zur Erde dazu. Aber die Pflanzen gehören mit ihrer Wachstumskraft ebenso zur Erde dazu. Es gibt gar nicht eine Erde für sich und Pflanzen für sich, geradeso wenig wie es in der Realität Haare für sich und Menschen für sich gibt. Das gehört zusammen.

Wenn Sie dem Kind das beibringen, was Sie aus der Botanisiertrommel herausnehmen, und es benennen lassen, so bringen Sie ihm eine Unwirklichkeit bei. Und das hat Folgen für das Leben, denn das Kind wird niemals von der Pflanzenkunde aus, die Sie ihm so beibringen, ein Verständnis dafür gewinnen, wie man zum Beispiel den Acker behandeln muss, den Acker düngen muss, wie man ihn mit dem Dünger lebendig machen muss. Ein Verständnis dafür, wie man den Acker behandeln muss, bekommt das Kind nur, wenn es weiß, wie der Acker mit der Pflanze zusammenhängt.

Weil die Menschen in unserer Zeit zunehmend keine Realität, keine Spur von Realität mehr haben – ich habe Ihnen in der ersten Stunde gesagt, die Praktiker haben es am wenigsten, sie sind heute alle Theoretiker –, weil die Menschen von der Praxis keine Spur mehr haben, deshalb betrachten sie alles als etwas für sich.

Und so ist es gekommen, dass in vielen, vielen Dingen seit fünfzig, sechzig Jahren alle Feldprodukte dekadent geworden sind. Es hat neulich in Mitteleuropa einen landwirtschaftlichen Kongress gegeben. Da haben die Landwirte selbst gestanden: Die Früchte werden so schlecht, dass man gar nicht hoffen kann, dass in fünfzig Jahren die Früchte noch genießbar sind für die Menschen. Warum?

Weil die Leute nicht verstehen, den Boden mit dem Dünger lebendig zu machen. Aber die Menschen *können* das nicht verstehen, wenn man ihnen solche Begriffe beibringt wie: Die Pflanzen sind etwas für sich. Geradeso wenig, wie ein Haar etwas für sich ist, ist die Pflanze etwas für sich. Wenn das Haar etwas für sich wäre, gut, dann wäre es einerlei, dann könnte man es, statt dass es in der Kopfhaut drinsteckt, dann könnte man es, damit es wächst, in ein Stück Wachs oder Teig hineinstecken! Aber nur in der Kopfhaut wächst es.

Will man erkennen, wie die Erde mit der Pflanze zusammengehört, dann muss man wissen, in welche Art von Erde eine Pflanze hineingehört. Und wie man diese Erde noch düngen muss, das kann man nur dadurch erkennen, dass man Erd- und Pflanzenwelt als eine Einheit betrachtet, dass man die Erde wie einen Organismus anschaut, und die Pflanze als etwas, was innerhalb dieses Organismus wächst.

Dadurch bekommt das Kind von vornherein das Gefühl, dass es auf einem lebendigen Boden steht. Es hat das für das Leben eine große Bedeutung. Denn bedenken Sie nur, wie man sich heute vorstellt, dass die geologischen Schichten entstehen. Man stellt sich vor: Das hat sich so übereinander gelagert. Aber all das, was Sie als geologische Schichten sehen, sind nur verhärtete Pflanzen, verhärtetes Lebendiges. Nicht nur die Steinkohlen waren früher Pflanzen, die mehr im Wasser als in der festen Erde wurzelten und zur Erde dazu gehörten, sondern auch Granit, Gneis und so weiter sind von pflanzlicher und tierischer Natur her.

Auch für das bekommt man nur Verständnis, wenn man Erde und Pflanzen zusammen als ein Ganzes betrachtet. Es handelt sich bei diesen Dingen nicht bloß darum, dass das Kind Kenntnisse erhält, sondern darum, dass es die richtigen Empfindungen erhält. Das sieht man aber erst wiederum ein, wenn man eine solche Sache geisteswissenschaftlich betrachtet.

Denken Sie nur einmal, Sie sind von dem besten Willen beseelt. Sie sagen sich: Das Kind muss alles anschaulich lernen, also muss es auch die Pflanzen anschaulich kennenlernen; ich halte es früh dazu an, in einer schönen Botanisiertrommel Pflanzen hereinzubringen; ich sage ihm dann, das ist die Realität; ich glaube selbst, es ist die Realität, ich mache ja Anschauungsunterricht!

Nur schaut man da etwas an, was keine Wirklichkeit ist. Mit diesem Anschauungsunterricht treibt man in der Gegenwart den ärgsten Unfug! Das Kind lernt die Pflanze so kennen, als ob es gleichgültig wäre, ob ein Haar in Wachs oder in einer Menschenhaut wächst. In Wachs wächst es nicht. Wenn ein Kind solche Begriffe aufnimmt, dann widersprechen solche Begriffe ganz dem, was das Kind aufgenommen hat, bevor es von der geistigen Welt auf die Erde heruntergestiegen ist. Denn da hat es die Erde ganz anders angeschaut.

Da trat dem Kind, das heißt der Seele des Kindes, diese Zusammengehörigkeit des mineralischen Erdreichs und des Pflanzlichen, das daraus herauswächst, lebendig entgegen. Warum? Weil das Kind, damit es sich überhaupt verkörpern konnte, etwas aufnehmen musste, was ätherisch ist, was noch nicht mineralisch ist, sondern was erst auf dem Weg ist, mineralisch zu werden. Es musste in das Pflanzliche hineinwachsen, und das Pflanzliche erschien mit der Erde verwandt.

Diese ganze Empfindungsreihe, die das Kind erlebt, wenn es aus der vorirdischen Welt in die irdische Welt heruntersteigt, diese ganze reiche Welt wird ihm konfus gemacht, chaotisch gemacht, wenn man es dazu anleitet, Pflanzenkunde so zu lernen, wie man es gewöhnlich tut. Während das Kind innerlich aufjauchzt, wenn es die Pflanzenwelt im Zusammenhang mit der Erde kennenlernt. (Es wird übersetzt).

II.

Meine lieben Freunde! In einer ähnlichen Weise muss betrachtet werden, wie man das Kind in die Welt der Tiere einführt. Beim Tier wird es schon einer trivialen Betrachtung auffallen, dass es nicht zur Erde gehört. Es läuft über die Erde dahin, es kann an diesem Ort, an jenem Ort sein. Man hat es also mit einem ganz anderen Verhältnis zur Erde zu tun als bei der Pflanze.

Aber beim Tier kann einem etwas anderes auffallen. Wenn wir die verschiedenen Tiere, die auf der Erde leben, ihren seelischen Eigenschaften nach betrachten, finden wir grausame Raubtiere, finden wir sanfte Lämmer, finden wir tapfere Tiere. Unter den Vögeln sind manche ganz tapfere Streiter, auch unter den Säugetieren haben wir tapfere Tiere. Wir finden majestätische Tiere wie den Löwen. Wir finden die mannigfaltigsten seelischen Eigenschaften und wir sagen uns bei jeder einzelnen Tierart: Diese Tierart ist dadurch charakterisiert, dass sie diese oder jene Eigenschaft hat.

Wir nennen den Tiger grausam: Die Grausamkeit ist seine beträchtlichste, bedeutendste Eigenschaft. Wir nennen das Schaf geduldig: Geduld ist seine beträchtlichste Eigenschaft. Wir nennen den Esel träge, weil er, wenn er auch nicht in Wirklichkeit so furchtbar träge ist, ein gewisses Gebaren hat, das stark an Trägheit erinnert. Der Esel ist träge im Verändern seiner Lebenslage; wenn er es gerade in seiner Laune hat, langsam zu gehen, kann man ihn nicht dazu bringen, dass er schnell geht. Er ist träge im Verändern seiner Lebenslage. Und so hat jedes Tier eine besondere Eigenschaft.

Aber beim Menschen können wir nicht so denken. Wir können nicht denken, dass der eine Mensch zahm, geduldig ist, der andere grausam ist, der dritte tapfer ist. Wir würden es einseitig finden, wenn die Menschen so über die Erde verteilt wären. Sie haben auch Eigenschaften in Einseitigkeit ausgebildet, aber nicht in solchem Maße wie die Tiere. Wir finden vielmehr beim Menschen, gerade wenn wir den Menschen erziehen wollen, dass wir zum Beispiel gewissen Dingen und Lebenslagen gegenüber ihm Geduld beibringen sollen, anderen Dingen und Lebenslagen gegenüber Tapferkeit, anderen Dingen und Lebenslagen gegenüber «Grausamkeit» – obwohl das in homöopathischer Dosis an den Menschen heranzubringen ist; gewissen Dingen gegenüber wird der Mensch einfach durch seine natürliche Entwicklung auch Grausamkeit zeigen müssen. Und so weiter.

Aber wie ist es, wenn wir diese seelischen Eigenschaften beim Menschen und bei den Tieren betrachten? Beim

Menschen finden wir, dass er all die Eigenschaften zusammen hat, die jedes Tier nur einzeln für sich hat.

Der Mensch hat immer ein bisschen von allem. Er ist nicht so majestätisch wie der Löwe, aber er hat etwas von Majestät. Er ist nicht so grausam wie der Tiger, aber er hat etwas von Grausamkeit. Er ist nicht so geduldig wie das Schaf, aber er hat etwas von Geduld. Er ist nicht so träge wie der Esel, aber er hat etwas von dieser Trägheit an sich. Das haben alle Menschen.

Wenn man die Sache richtig betrachtet, kann man sagen: Der Mensch hat in sich die Löwen-Natur, die Schaf-Natur, die Tiger-Natur und die Esel-Natur. Alles hat er in sich. Nur ist alles in ihm harmonisiert, das eine schleift sich an dem anderen ab. Der Mensch ist der harmonische Zusammenfluss oder, wenn man es gelehrter ausdrücken will, die Synthese von all den verschiedenen seelischen Eigenschaften, die die Tiere haben. Gerade dann ist das Rechte beim Menschen erzielt, wenn er in seine Gesamtwesenheit die gehörige Dosis Löwenheit, die gehörige Dosis Schafheit, die gehörige Dosis Tigerheit, die gehörige Dosis Eselheit und so weiter einführt, wenn das alles in rechtem Maße in den Menschen eingetaucht ist und mit allem anderen im richtigen Verhältnis steht.

Schon ein altes griechisches Sprichwort sagt sehr schön: Tapferkeit, wenn sie sich mit Klugheit eint, bringt dir Segen; wandelt aber die Tapferkeit allein, so folgt Verderben ihr nach. Wenn der Mensch nur tapfer wäre, wie manche Vögel nur tapfer sind, die fortwährend streiten, so würde er nicht viel Segensreiches im Leben für sich anrichten. Aber wenn die Tapferkeit im Leben so ausgebildet ist beim Menschen, dass sie sich mit der Klugheit vereinigt, wie gewisse Tiere nur klug sind, dann ist es beim Menschen das Rechte.

Beim Menschen handelt es sich also um eine synthetische Einheit, um eine Harmonisierung von all dem, was im Tierreich ausgebreitet vorhanden ist.

Sodass wir sagen können: Da ist das Verhältnis so – da ist das eine Tier, ich zeichne schematisch (s. Zeichnung S. 114, Mitte unten), da das zweite, eine dritte Tierart, eine vierte Tierart, und so weiter: alle Tiere, die auf der Erde möglich sind. Wie verhalten sie sich zum Menschen? So, dass der Mensch zunächst so etwas wie die eine Tierart hat, aber gemildert, er hat es nicht ganz. Und da schließt sich gleich das andere daran an, aber wiederum nicht ganz. Da geht das in ein Stück von dem Nächsten über, dann schließt sich dieses daran an, sodass der Mensch alle Tiere in sich einschließt.

Das Tierreich ist ein ausgebreiteter Mensch, und der Mensch ist ein zusammengezogenes Tierreich. Alle Tiere sind durch den Menschen synthetisch vereint. Der Mensch analysiert ist das ganze Tierreich.

Aber so ist es auch mit der Gestalt. Denken Sie sich einmal, wenn Sie hier das menschliche Antlitz haben (s. Tafel S. 114, Mitte oben: Stirn, Auge, Nase, Mund und Kinn vom Menschen), und wenn Sie dieses hier wegschneiden (den oberen Teil), dieses etwas nach vorne setzen (Nase und Mund), wenn das also weiter nach vorne geht, wenn es nicht harmonisiert ist mit dem ganzen Antlitz, wenn die Stirn tiefer geht, dann wird ein Hundekopf daraus. Wenn Sie in einer etwas anderen Weise den Kopf formen, wird ein Löwenkopf daraus, und so weiter. Und wiederum in Bezug auf seine übrigen Organe kann man überall finden, dass der Mensch das gemildert hat, auch in der äußeren Gestalt das harmonisiert hat, was auf die übrigen Tiere ausgebreitet ist.

Denken Sie sich, wenn Sie eine watschelnde Ente haben, etwas von dem, was da watschelt, haben Sie auch zwischen den Fingern, da ist es nur zurückgezogen. Und so ist alles, was im Tierreich auch an Gestalt zu finden ist, im Menschenreich vorhanden.

Auf diese Weise findet der Mensch sein Verhältnis zum Tierreich. Er lernt erkennen, dass die Tiere alle zusammen der Mensch sind. Der Mensch ist heute vorhanden in den 1800 Millionen Exemplaren auf der Erde, aber er ist noch einmal als ein Riesenmensch vorhanden. Das ganze Tierreich ist ein Riesenmensch, nur nicht zusammensynthetisiert, sondern analysiert in lauter Einzelheiten.

Wenn alles am Menschen elastisch wäre, aber so elastisch, dass er nach verschiedenen Richtungen hin verschieden elastisch sein könnte, sich nach einer Richtung hin anders als nach einer anderen Richtung elastisch ausdehnen würde, so würde ein gewisses Tier daraus entstehen. Wenn man ihm die Augengegend aufreißen würde, würde wiederum, wenn es entsprechend elastisch sich aufdunsen würde, ein anderes Tier entstehen. So trägt der Mensch das ganze Tierreich in sich. So hat man in früheren Zeiten die Geschichte des Tierreichs auch gelehrt. Das war eine gute, gesunde Erkenntnis. Sie ist verlorengegangen, aber sie ist verhältnismäßig spät verlorengegangen.

Zum Beispiel hat man noch im 18. Jahrhundert ganz gut gewusst: Wenn das, was der Mensch in der Nase hat, den

Riechnerv, wenn dieser genügend groß ist und sich nach hinten fortsetzt, so wird ein Hund daraus. Wenn aber der Riechnerv verkümmert, wenn wir nur ein Stückchen von Riechnerv haben und das Stückchen metamorphosiert, so entsteht unser Nerv für das intellektuelle Leben.

Was glauben Sie, meine lieben Freunde: Wenn Sie den Hund anschauen, wenn er riecht, so hat er von der Nase nach hinten die Fortsetzung seines Riechnervs. Er riecht die Eigentümlichkeit der Dinge. Er stellt nicht alles vor, er riecht alles. Er hat nicht einen Willen und eine Vorstellung, sondern er hat einen Willen und einen Geruch für alle Dinge. Er hat einen wunderbaren Riecher! Die Welt ist für den Hund nicht weniger interessant als für den Menschen. Der Mensch kann sich alles vorstellen, der Hund kann alles riechen. Wir haben nur ein paar sympathische und antipathische Gerüche, aber der Hund hat vielerlei Gerüche. Denken Sie nur einmal, wie der Hund sich im Geruchssinn spezialisieren kann. Polizeihunde gibt es in der neueren Zeit: Man führt sie an den Ort, wo einer war, der etwas stibitzt hat. Der Hund fasst gleich die Spur des Menschen auf, er geht ihr nach und findet ihn!

Das alles beruht darauf, dass es eine ungeheure Differenzierung, eine reiche Welt der Gerüche für den Hund gibt. Davon ist der Träger der nach rückwärts in den Kopf, in den Schädel hineingehende Riechnerv. Wenn wir den Riechnerv durch die Nase des Hundes zeichnen, müssen wir ihn dann nach rückwärts zeichnen (s. Tafel S. 114, unten rechts: schräge Linien). Beim Menschen ist nur ein Stückchen da unten geblieben, das andere ist umgebildet und steht hier unterhalb der Stirn (eingerollte Linien; s.

Klartextnachschrift nächste Seite). Es ist ein metamorphosierter, ein transformierter Riechnerv. Mit dem bilden wir unsere Vorstellungen. Deshalb können wir nicht so riechen wie der Hund, aber wir können vorstellen. Wir tragen den riechenden Hund in uns, nur umgebildet. Und so alle Tiere. Davon muss man eine Vorstellung hervorrufen.

Es gibt einen deutschen Philosophen, Arthur Schopenhauer, der hat ein Buch geschrieben: *Die Welt als Wille und Vorstellung,* aber das Buch ist nur für Menschen. Hätte es ein genialer Hund geschrieben, so hätte er geschrieben: *Die Welt als Wille und Gerüche.* Und ich bin davon überzeugt, dass das Buch viel interessanter wäre als das Buch, das Schopenhauer geschrieben hat!

Sehen wir uns die verschiedenen Formen der Tiere an, beschreiben wir sie nicht so, als ob jedes Tier für sich dastehen würde, sondern versuchen wir, vor dem Kind immer die Vorstellung hervorzurufen: Sieh einmal, so schaut ein Mensch aus. Wenn du dir den Menschen nach dieser Richtung verändert denkst, vereinfacht denkst, kriegst du dieses Tier. Wenn du zu irgendeinem niederen Tier, zum Beispiel der Schildkröte, etwas hinzufügst, unten ein Känguru setzst und die Schildkröte über das Känguru, so hast du oben etwas wie einen verhärteten Kopf – das ist die Schildkröte –, und unten die Gliedmaßen des Menschen –, das ist das Känguru. Und so können wir überall in der weiten Welt finden, wie wir eine Beziehung zwischen dem Menschen und den verschiedenen Tieren herausfinden können.

Sie lachen jetzt über diese Dinge. Das schadet nichts. Es ist ganz gut, wenn in der Klasse auch gelacht wird, denn hinten die Fortsetzung seines Riechnervs. Er riecht die Eigentümlichkeit der Dinge. Er stellt sie nicht vor, er riecht alles. Er hat nicht einen Willen und eine Vorstellung, sondern er hat einen Willen und einen Geruch für alle Dinge. Und wunderbaren Geruch! Die Welt ist für den Hund nicht uninteressanter als für den Menschen. Der Mensch kann sich alles vorstellen. Der Hund kann alles riechen. Wir haben ein paar Dinge, nicht wahr, sympathische und antipathische Gerüche; aber der Hund hat vielerlei Gerüche. Denken Sie nur einmal, wie der Hund im Geruchssinn spezialisiert. Polizei-Hunde gibt es in der neueren Zeit. Man führt sie an den Ort, wo einer war, der etwas gestibizt, gestohlen hat. Er fasst sogleich die Spur des Menschen auf, der Hund, geht nach und findet ihn.

Das alles beruht darauf, dass es wirklich eine ungeheure Differenzierung gibt, eine reiche Welt der Gerüche für den Hund. Davon ist der Träger der nach rückwärts ~~xxx~~ in dem Kopf, in den Schädel hineingehende Riechnerv.

Wenn wir den Riechnerv durch die Nase des Hundes zeichnen, müssen wir ihn dann nach rückwärts zeichnen (s.Zeichnung) Beim Menschen ist nur ein Stückchen geblieben da unten (s.Zeichnung). Das andere ist umgebildet und steht hier unter unserer Stirn. Es ist ein metamorphosierter, ein transformierter Riechnerv.

Mit dem bilden wir unsere Vorstellungen. Deshalb können wir nicht so riechen, wie der Hund, aber wir können vorstellen. Aber wir tragen den riechenden Hund in uns, nur umgebildet. Und so alle Tiere.

Davon muss man eine Vorstellung hervorrufen. Es

nichts ist besser, als Humor in die Klasse hineinzubringen, sodass die Kinder auch lachen können, dass sie nicht nur immer den Lehrer mit einem furchtbar langen Gesicht bis herunter sehen, und selbst versucht sind, solche langen Gesichter zu machen und zu glauben, wenn man auf der Schulbank sitzt, muss man ein langes Gesicht machen. Wenn das nicht der Fall ist, sondern wenn Humor hineingebracht wird, wenn man die Kinder auch dazu bringt, zu lachen, dann ist das das beste Unterrichtsmittel. Ernste Lehrer, ganz ernste Lehrer, die erreichen nichts mit den Kindern.

Also, da haben Sie das Tierreich im Prinzip, wie ich es Ihnen darstelle. Von Einzelheiten können wir dann sprechen, wenn Zeit dazu ist. Aber Sie ersehen daraus, dass der Mensch als Lehrer das Tierreich so behandeln soll, dass das Tierreich ein ausgebreiteter Mensch ist. Das gibt für das Kind wiederum eine sehr feine, eine sehr schöne Empfindung ab. Denn das Kind lernt, wie ich es Ihnen angedeutet habe, die Pflanzenwelt als zur Erde gehörig und die Tiere als zu sich gehörig erkennen.

Es wächst das Kind mit dem ganzen Erdbereich zusammen. Es steht nicht mehr bloß auf dem toten Erdboden, sondern es steht auf dem lebendigen Erdboden und empfindet die Erde als etwas Lebendiges. Es bekommt allmählich die Vorstellung, es würde auf dem Erdboden so stehen, wie wenn es auf einem großen Organismus stehen würde, wie auf einem Walfisch. Das ist auch die richtige Empfindung. Das führt in die ganze menschliche Weltempfindung hinein.

Und zu dem Tier bekommt das Kind die Vorstellung, als ob alle Tiere etwas Verwandtes mit dem Menschen hätten, aber auch die Vorstellung, dass der Mensch etwas über alle Tiere Hinausragendes ist, weil er alle Tiere in sich vereint. Und all das naturwissenschaftliche Geschwätz, dass der Mensch vom Tier abstammt, wird ausgelacht werden von solchen Menschen, die so erzogen worden sind. Denn man wird erkennen, dass der Mensch das ganze Tierreich wie einzelne Glieder synthetisch in sich vereinigt.

Ich sagte Ihnen, zwischen dem 9. und 10. Lebensjahr, da kommt der Mensch so weit, dass er zwischen sich als Subjekt und der Außenwelt als Objekt unterscheidet. Er unterscheidet sich von der Umwelt. Früher konnte man nur Märchen, Legenden erzählen, wo Steine und Pflanzen sprechen und handeln wie die Menschen. Da unterschied sich das Kind noch nicht von der Umgebung.

Jetzt, wo es sich davon unterscheidet, müssen wir es auf einer höheren Stufe wieder mit der Umgebung zusammenbringen. Jetzt müssen wir ihm den Boden, auf dem es steht, so zeigen, dass der Boden in selbstverständlicher Weise mit seinen Pflanzen zusammengehört. Dann bekommt es einen praktischen Sinn, wie ich Ihnen gezeigt habe, auch für die Landwirtschaft. Das Kind wird wissen: Man düngt, weil man die Erde lebendig braucht unter einer Pflanzenart. Es betrachtet nicht die einzelne Pflanze, die es aus der Botanisiertrommel herausnimmt, als ein Ding für sich. Es betrachtet jetzt aber auch nicht ein Tier als ein Ding für sich, sondern das ganze Tierreich als einen über die Erde sich ausbreitenden, analysierten großen Menschen.

Es weiß der Mensch, wie er auf der Erde steht, und es weiß der Mensch, wie sich die Tiere zu ihm verhalten. Das ist von einer ungeheuren Bedeutung, dass wir vom 10. Lebensjahr an bis gegen das 12. Jahr hin diese Vorstellungen von Pflanze und Erde, von Tier und Mensch in dem Kind erwecken. Dadurch stellt sich das Kind mit seinem ganzen Körper-, Seelen- und Geistesleben in die Welt hinein.

Dadurch, dass wir dem Kind eine Empfindung – das alles muss empfindungsgemäß, künstlerisch an das Kind herangebracht werden –, dadurch, dass wir dem Kind eine Empfindung für die Zusammengehörigkeit von Pflanze und Erde, von Pflanze und Erdboden beibringen, wird das Kind klug, wird wirklich klug. Es denkt naturgemäß.

Dadurch, dass wir ihm beibringen – sei es auch nur im Unterricht, Sie werden sehen, was dabei herauskommt –, dass wir ihm beibringen, wie es zu dem Tier steht, lebt der Wille aller Tiere im Menschen auf, und zwar in der Differenzierung, in der entsprechenden Individualisierung. Alle Eigenschaften, alle Empfindungen, die sich in den Tieren ausprägen, leben im Menschen auf. Der Wille des Menschen wird dadurch impulsiert, und der Mensch wird in einer naturgemäßen Weise, seiner Wesenheit gemäß, in die Welt hineingestellt.

Warum gehen heute die Menschen so von allem entwurzelt in der Welt herum? Die Menschen, wenn sie heute in der Welt gehen, da sieht man es ihnen an: Sie gehen erstens nicht ordentlich, sie treten nicht ordentlich auf, sie schleppen die Beine nach. Das andere haben sie im Sport gelernt, aber das ist dann wieder etwas Unnatürliches. Aber sie denken vor allen Dingen trostlos, sie wissen nichts Rechtes mit dem Leben anzufangen. Sie wissen etwas damit anzufangen, wenn man sie an die Nähmaschine oder an das Telefon stellt, oder wenn eine Partie mit der Eisenbahn fährt, oder wenn eine Reise um die Welt arrangiert wird. Damit wissen sie etwas anzufangen. Aber mit sich selbst wissen sie nichts anzufangen, weil sie nicht durch die Erziehung in die Welt hineingestellt worden sind.

Aber das kann man nicht dadurch, dass man die Phrase drischt, man soll den Menschen richtig erziehen, sondern das kann man nur dadurch, dass man im Einzelnen, im Konkreten so etwas für den Menschen findet, dass man die Pflanze in den Erdboden hineinsenkt und das Tier neben den Menschen stellt. Dann steht der Mensch in der richtigen Weise auf dem Erdboden darauf, dann stellt er sich in der richtigen Weise zur Welt. Das muss man durch den ganzen Unterricht erreichen, das ist wichtig, das ist wesentlich. (Es wird übersetzt).

III.

Meine lieben Freunde! Es wird immer darauf ankommen, dass wir für ein jedes Lebensalter das finden, was der Entwicklung des Menschen nach von diesem Lebensalter selbst gefordert wird. Dazu brauchen wir wirkliche Menschenbeobachtung, wirkliche Menschenerkenntnis. Nehmen wir die zwei Dinge, die wir eben auseinandergesetzt haben.

Das Kind bis zum 9., 10. Jahr fordert die Belebung der ganzen äußeren Natur, weil es sich noch nicht von dieser äußeren Natur unterscheidet. So werden wir dem Kind da Märchen erzählen, Legenden, Mythen erzählen. Wir werden selbst für das Allernächstliegende etwas finden, um dem

Kind in Form von Erzählungen, von Schilderungen, von bildhaften Darstellungen künstlerisch das beizubringen, was seine Seele aus den verborgenen Tiefen herausholt, mit denen sie in die Welt eintritt. Wenn wir wiederum das Kind nach dem 9., 10. Jahr haben, zwischen dem 10. und 12. Lebensjahr, stellen wir es so in die Tier- und Pflanzenwelt hinein, wie wir es eben geschildert haben.

Man muss sich klar sein darüber, dass der heute so beliebte Kausalitätsbegriff, der Ursachenbegriff, beim Kind auch in diesem Lebensalter, auch im 10., 11. Jahr, noch gar nicht als ein Bedürfnis des Begreifens vorhanden ist. Wir gewöhnen uns heute, alles nach Ursache und Wirkung zu betrachten. Die naturwissenschaftliche Erziehung des Menschen hat es dahin gebracht, dass man überall alles nach Ursache und Wirkung betrachtet.

Beim Kind bis zum 11., 12. Lebensjahr von Ursache und Wirkung überhaupt zu reden, wie man es im alltäglichen Leben tut, wie man es heute gewohnt ist, das ist gerade so, wie wenn man dem Farbenblinden von Farben spricht. Man redet an der Seele des Kindes vorbei, wenn man in dem Stil redet, in dem heute von Ursache und Wirkung geredet wird. Zuerst braucht das Kind lebendige Bilder, bei denen man niemals nach Ursache und Wirkung fragt. Und nach dem 10. Jahr soll man wieder nicht von Ursache und Wirkung reden, sondern Bilder nach Ursache und Wirkung hinstellen.

Erst gegen das 12. Jahr hin wird das Kind reif, von Ursachen und Wirkungen zu hören. Sodass man diejenigen Erkenntniszweige, die es mit Ursache und Wirkung hauptsächlich zu tun haben – in dem Sinne, wie heute von Ursache und

Wirkung die leblose Naturphysik und so weiter redet –, erst zwischen dem 11. und 12. Lebensjahr in den Lehrplan einführen soll. Vorher sollte man noch nicht über Mineralien, über Physikalisches, über Chemisches zu dem Kind reden. Es fügt sich nicht in das Lebensalter des Kindes ein.

Und weiter, wenn man Geschichtliches betrachtet, so soll das Kind auch bis gegen das 12. Jahr hin in der Geschichte Bilder bekommen, Bilder von einzelnen Persönlichkeiten, Bilder von Ereignissen, überschaubar schön gemalte Bilder, wo die Dinge lebendig vor der Seele stehen – nicht eine Geschichtsbetrachtung, wo man immer das Folgende als die Wirkung des Vorhergehenden betrachtet, wo die Menschheit so stolz geworden ist auf diese «pragmatische» Geschichtsbehandlung. Diese pragmatische Geschichtsbetrachtung nach Ursache und Wirkung in der Geschichte, das ist etwas, was das Kind ebenso wenig auffassen kann wie der Farbenblinde die Farbe. Und außerdem bekommt der Mensch eine ganz falsche Vorstellung für das Leben, für das fortlaufende Leben, wenn man ihm alles immer nur nach Ursache und Wirkung beibringt. Ich möchte Ihnen das durch ein Bild klarmachen.

Denken Sie sich, da fließt ein Strom dahin (s. Zeichnung S. 114, rechts ganz oben). So fließt er hin, der Strom (von links nach rechts). Er zeigt Wellen. Sie werden nicht immer richtigliegen, wenn Sie die Welle c aus der Welle b und diese aus der Welle a hervorgehen lassen, wenn Sie sagen, c ist die Wirkung von b, und b ist die Wirkung von a, weil da unten in den Tiefen noch allerlei Kräfte walten, die diese Wellen aufblasen (Pfeile nach oben; «a b c» auf der Tafel geschnitten: s. auch Klartextnachschrift nächste Seite). Und so ist es in der Geschichte. Da ist nicht immer das, was 1910 geschieht, die Wirkung von dem, was 1909 geschehen ist und so weiter zurück. Für diese Wirkungen aus den Tiefen der Strömung in der Entwicklung, was Wellen aufwirft, dafür muss sehr frühzeitig eine Empfindung beim Menschen eintreten. Sie tritt aber nur ein, wenn man erst spät Ursache und Wirkung einführt – gegen das 12. Jahr hin –, und vorher nur Bilder hinstellt.

Es stellt dies wiederum Anforderungen an die Fantasie des Lehrers. Diesen muss er aber genügen. Er wird ihnen genügen, wenn er für sich Menschenerkenntnis erwirbt. Und darum handelt es sich, wenn man aus der Natur des Menschen heraus erzieht und unterrichtet.

Ich möchte zum Schluss noch eines hinzufügen, was zu dem einzelnen Unterrichten parallel gehen muss, so wie ich es eben dargestellt habe. Das ist die Erziehung in Bezug auf moralische Qualitäten. Auch da handelt es sich darum, dass man aus der Natur des Kindes abliest, wie man es zu behandeln hat.

Wenn man dem Kind schon mit sieben Jahren den Ursache- und Wirkungsbegriff beibringt, handelt man gegen die Entwicklung der menschlichen Natur. Wenn man das Kind «bestrafen» will, so handelt man auch gegen die Entwicklung der menschlichen Wesenheit.

In der Waldorfschule konnten wir ganz schöne Erfahrungen machen. Wie wird in den Schulen oft gestraft? Kinder haben in der Stunde etwas nicht ordentlich gemacht, man lässt sie nachsitzen, und sie müssen nachher zum Beispiel physik usw. eigentlich erst in den Lehrplan zwischen dem 11. und 12. Lebensjahre einführen soll. Vorher noch sollte man über Mineralien, über Physikalisches, über Chemisches nicht zu dem Kinde reden. Es fügt sich nicht in das Lebensalter des Kindes ein.

Und weiter, wenn man Geschichtliches betrachtet, so soll auch bis gegen das 12. Jahr hin das Kind in der Geschichte Bilder bekommen, Bilder von einzelnen Persönlichkeiten, Bilder von Ereignissen, Ueberschaubar schön gemalte Bilder, wo die Dinge lebendig vor der Seele stehen, nicht eine Geschichtsbetrachtung, wo man immer das folgende als die Wirkung vom Vorhergehenden betrachtet, wo die Menschheit so stolz geworden ist auf diese pragmatische Geschichtsbetrachtung.

Diese pragmatische Geschichtsbetrachtung nach Ursachen und Wirkungen in der Geschichte, das ist etwas, was das Kind ebensowenig auffasst, wie der Farbenblinde die Farbe auffasst. Und ausserdem bekommt der Mensch eine ganz falsche Vorstellung für das Leben, das fortlaufende Leben, wenn man ihm alles immer nur nach Ursachen und Wirkungen beibringt. Ich möchte Ihnen das durch ein Bild klarmachen.

Denken Sie sich, da fliesst ein Strom dahin. So fliesst er hin, der Strom. Er zeigt Wellen. Sie werden nicht immer richtig gehen, wenn Sie die Welle c aus der Welle b und diese aus der Welle a hervorgehen lassen, wenn Sie sagen, c ist die Wirkung von b, und b von a, da noch unten in den Tiefen allerlei Kräfte walten, welche diese Wellen aufblasen. Und so ist es in

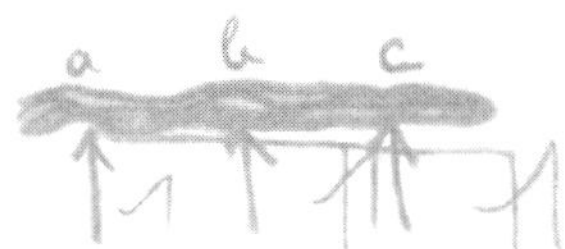

Rechnungen machen. Da hat sich in der Waldorfschule etwas Sonderbares mit drei oder vier Kindern herausgestellt, denen man gesagt hatte: Ihr ward unordentlich, ihr müsst nachsitzen und Rechnungen machen. Da sagten die anderen: Dann wollen wir auch dableiben und Rechnungen machen! Denn sie sind so erzogen, dass das Rechnungenmachen etwas Gutes ist, nicht etwas ist, womit man «bestraft» wird.

Man soll nur nicht beim Kind die Meinung hervorrufen, dass Rechnungenmachen im Nachsitzen etwas Schlimmes ist, sondern, dass es etwas Gutes ist. Deshalb wollte die ganze Klasse auch dableiben, wollte nachsitzen und Rechnungen machen. Also man soll nicht Dinge wählen, die gar nicht eine Strafe darstellen können, wenn das Kind im geraden Seelenleben erzogen werden soll.

Oder ein anderes Beispiel: Der Dr. Stein hat sich in der Waldorfschule manches sehr Gute in Bezug auf die Erziehung manchmal im Moment ausgesonnen. Er bemerkte einmal, dass seine Schüler unter der Bank sich Briefchen zureichten. Sie schrieben sich Briefe, gaben also nicht acht, sie steckten die Briefe unter der Bank dem Nachbarn zu, und der wieder die Antwort zurück. Da hat Dr. Stein nicht angefangen zu schimpfen über das Briefeschreiben und zu sagen: Ich will euch bestrafen, oder so etwas. Sondern er hat ganz plötzlich angefangen, über das Postwesen einen Vortrag zu halten, hat über das Postwesen gesprochen. Die Kinder waren frappiert, warum plötzlich über das Postwesen gesprochen wird, aber sie sind dann doch darauf gekommen, weshalb über das Postwesen gesprochen wird. Und diese feine Art, Übergänge zu finden, die beschämt dann die Kinder. Sie waren beschämt, und das Briefeschreiben hat aufgehört, einfach wegen der Geschichte, die er über das Postwesen eingeflochten hat.

Und so muss man Erfindungsgabe haben, wenn man eine Klasse leiten will. Man muss nicht stereotyp auf das gehen, was hergebracht ist, sondern man muss sich in das ganze Wesen des Kindes hineinversetzen und wissen, dass eine Besserung – und mit der Strafe will man schließlich eine Besserung – unter Umständen viel eher eintritt, wenn auf diese Weise eine Beschämung hervorgerufen wird, aber ohne dass man sich an den Einzelnen wendet. Wenn das ganz unbemerkt vor sich geht, tritt viel eher eine Besserung ein, als wenn man im groben Sinne bestraft.

Gerade auf diese Weise, wenn man mit dem richtigen Geist in der Klasse drinsteht, richtet sich so manches, was sonst gar nicht ins Geleise zu bringen ist.

Vor allem fordert das Erziehen und Unterrichten von dem Lehrer Selbsterkenntnis. Er darf nicht so erziehen, dass er ein Kind, das Kleckse, Tintenkleckse auf das Blatt oder auf die Schulbank gemacht hat, weil es ungeduldig oder zornig geworden ist über etwas, was der Nachbar gemacht hat, er darf nicht so erziehen, dass er das Kind wegen der Tintenspritzer anschreit: Du darfst nicht zornig werden! Zornig werden ist keine Eigenschaft, die ein guter Mensch haben darf! Ein Mensch muss nicht zornig werden, sondern in Ruhe alles ertragen! Wenn du mir noch einmal zornig wirst, dann schmeiße ich dir das Tintenfass an den Kopf!

Ja, wenn in dieser Weise erzogen wird, wie es sehr häufig geschieht, dann wird sehr wenig erreicht. Der Lehrer muss sich immer in der Hand haben, darf vor allen Dingen nie in die Fehler verfallen, die er an seinen Schülern rügt. Da muss man wissen, wie das unbewusst beim Kind wirkt. Das, was der Mensch bewusst an Verstand, Gemüt und Willen hat, ist nur ein Teil des seelischen Lebens. Im Untergrund waltet schon beim Kind der Astralleib (s. Fachausdrücke S. 231) mit seiner ungeheuren Klugheit und Vernünftigkeit.

Es ist mir immer ein Gräuel gewesen, wenn ein Lehrer in der Klasse drinsteht, ein Buch in der Hand hat und aus dem Buch heraus unterrichtet, oder ein Heft hat, worin er sich aufnotiert hat, was er sagen will, und immer hineinschauen muss. Das Kind denkt nicht mit seinem Oberbewusstsein daran, aber man sieht, wenn man solches sehen kann, dass die Kinder in ihrem Unterbewusstsein gescheit sind und sich sagen: Der weiß das selber gar nicht, was ich lernen soll. Warum soll ich das lernen, was der selber nicht weiß? Das ist immer das Urteil im Unterbewussten der Kinder, die vom Lehrer aus einem Buch oder Heft unterrichtet werden.

Man muss auf solche Imponderabilien, auf solche Feinheiten im Unterricht außerordentlich viel geben. Denn sobald das Unterbewusstsein des Kindes, das Astralische, bemerkt: Der Lehrer weiß etwas selbst nicht, er muss erst in das Heft hineinschauen – dann findet es das unnötig, dass es selbst es lernt. Und der Astralleib wirkt viel sicherer als das Oberbewusstsein des Kindes.

Ich wollte das einmal in diesem dreigeteilten Vortrag vorausschicken. Wir werden spezielle Fächer und spezielle Erziehungsetappen beim Kind dann in den nächsten Tagen anfügen.

Vierter Vortrag

Der Lehrer als herzhafter Erzähler

Das Gleichnis vom kleinen Veilchen

Torquay, 15. August 1924

Meine lieben Freunde!

Ich habe ausgeführt, wie man versuchen soll, in schildernder, in darstellender Form in den Jahren zwischen dem Zahnwechsel und dem 9. und 10. Lebensjahr an das Kind in Bildern all das heranzubringen, was die Seele des Kindes aufnehmen soll, so aufnehmen soll, dass das Aufgenommene dann in naturgemäßer Weise weiterwirkt, weiterwirken kann durch das ganze Leben. Es ist das nur dann möglich, wenn man nicht tote Vorstellungen und Empfindungen in dem Kind wachruft, sondern solche Vorstellungen und Empfindungen, die leben.

Dazu muss man sich selbst erst das Gefühl für das Leben des Seeleninhaltes aneignen. Man wird als Lehrender und Erziehender mit der eigenen Selbsterziehung Geduld haben müssen, mit dem Erwecken dessen in der eigenen Seele, was in der Seele keimen und wachsen kann. Man wird in dieser Beziehung an sich selbst die schönsten Entdeckungen machen. Man darf nur nicht, um solche Entdeckungen an sich selbst zu machen, gleich beim ersten Anhieb den Mut verlieren.

Meine lieben Freunde! Unter allen Umständen soll der Mensch, wenn er irgendeine Tätigkeit beginnt, die eine geistvolle sein soll, er soll es unter allen Umständen ertragen können, ungeschickt zu sein. Wer nicht ertragen kann, ungeschickt zu sein, die Dinge zuerst dumm und unvollkommen zu machen, der wird sie niemals aus dem Inneren heraus vollkommen machen können. Und insbesondere im Beruf des Lehrenden und Erziehenden müssen wir erst in unserer eigenen Seele das entzünden, richtig entzünden, was wir ausüben sollen.

Wenn es uns gelingt, ein- oder zweimal bildhafte Darstellungen zu ersinnen, bei denen wir sehen, dass sie bei den Kindern einschlagen, dann werden wir eine merkwürdige Entdeckung an uns selbst machen. Wir werden sehen, dass es uns dann immer leichter und leichter wird, das Erfinden von solchen Bildern, dass wir nach und nach solche erfinderische Menschen werden, wie wir uns das von uns gar nicht vorgestellt hätten.

Aber dazu gehört, mutvoll zunächst vielleicht sehr weit neben dem Richtigen zu tapsen. Man könnte vielleicht sagen: Dann sollte ich gar nicht Erzieher werden, wenn ich zunächst ganz ungeschickt an die Kinder herantrete! Ja, da muss Sie die anthroposophische Weltanschauung weiterbringen. Da müssen Sie sich sagen: Etwas führt mich karmisch zu den Kindern, sodass ich auch als ungeschickter Erzieher bei ihnen sein darf. Und diejenigen, bei denen ich nicht ungeschickt sein darf, die werden mir durch das Karma erst in späteren Jahren gebracht.

Dieses mutvolle Sich-Hineinwagen in das Leben, das braucht überhaupt der Lehrer und der Erzieher – weil die Erziehungsfrage gar nicht eine Kinderfrage, sondern eine

Lehrerfrage ist. Und so möchte ich Ihnen ein Beispiel für etwas geben, was sich in die Seele des Kindes so senken kann, dass es mit dem Kind wächst und dass man auch später noch in der Lage ist, darauf zurückzukommen, um spätere Empfindungen und Gefühle aus dem ursprünglich Gegebenen hervorzuholen.

Nichts ist nützlicher und fruchtbarer im Unterricht, als wenn Sie dem Kind zwischen dem 7. und 8. Lebensjahr etwas in Bildern geben, und später, vielleicht im 13., 14. Jahr wieder in irgendeiner Form darauf zurückkommen. Gerade aus dem Grund wird bei uns in der Waldorfschule versucht, die Kinder möglichst lange bei derselben Lehrkraft zu lassen. Die Kinder werden, wenn sie in die Schule kommen, mit dem 7. Lebensjahr einer Lehrkraft übergeben. Die steigt dann mit ihrer Klasse auf, so weit es geht. Das ist deshalb gut, damit die Dinge, die einmal keimhaft in dem Kind veranlagt werden, immer wieder den Inhalt der Erziehungsmittel abgeben können.

Denken wir uns, wir bringen einem sieben- oder achtjährigen Kind eine Erzählung, die Bilder enthält. Das Kind braucht die Bilder nicht sogleich zu verstehen – warum das ist, werde ich Ihnen nachher sagen. Es handelt sich darum, dass das Kind angemutet wird dadurch, dass der Erzieher die Sache in graziöser Form vorbringt. Nehmen wir an, ich erzähle dem Kind Folgendes:

> Da war einmal in einem Wald, wo die Sonne durch die Bäume drang, ein Veilchen, ein bescheidenes Veilchen unter einem Baum, der große Blätter

hatte. Das Veilchen konnte durch eine Öffnung hindurchschauen, die durch die Baumkrone entstanden war. Und das Veilchen sah, indem es durch die weite Öffnung in dem Wald hindurchschaute, den blauen Himmel. Das kleine Veilchen sah zum ersten Mal den blauen Himmel, denn es war an dem Morgen dieses Tages erst aufgeblüht. Das Veilchen erschrak, als es den blauen Himmel sah, und geriet in große Angst. Aber es wusste nicht, warum es in so große Angst geraten war. Da lief ein Hund vorbei, ein Hund, der nicht gut aussah, der bissig und böse aussah. Und das Veilchen fragte den Hund: Sag mir mal, was ist das da oben, das Blaue, das so ist wie ich? Denn es war der Himmel auch blau, wie das Veilchen blau war. Und der Hund in seiner Bosheit sagte: O, das ist ein riesengroßes Veilchen, wie du, und dieses riesengroße Veilchen ist so groß geworden, dass es dich mächtig schlagen kann. Und das Veilchen bekam eine noch viel größere Angst, denn es glaubte, dieses Veilchen da oben wäre so groß gewachsen, weil es zum Schlagen von ihm selbst da sein sollte. Und das Veilchen zog seine Blütenblätter ganz zusammen und wollte nicht mehr hinaufschauen zu dem großen Veilchen und verbarg sich unter einem großen Blatt des Baumes, das gerade durch einen Windstoß heruntergefegt worden war. Und so blieb es den ganzen Tag, indem es sich in seiner Angst versteckt hatte vor dem großen Himmelsveilchen. Und als der nächste Morgen kam, da hatte das Veilchen die ganze Nacht nicht geschlafen, denn es hatte immer nur nachgedacht, wie es sich verhalten sollte zu dem großen blauen Himmelsveilchen, von dem es geschlagen werden sollte. Und immer erwartete es, dass jetzt und wieder jetzt der erste Schlag kommen sollte, und er war nicht gekommen. Und am Morgen, da kroch das Veilchen hervor, weil es jetzt gar nicht müde war, denn es hatte die Nacht hindurch immer nachgedacht und war frisch und gar nicht müde. Veilchen werden müde, wenn sie schlafen, und werden nicht müde, wenn sie nicht schlafen. Und das erste, was das Veilchen sah, war die aufgehende Sonne und das Morgenrot. Und als das Veilchen das Morgenrot sah, da wurde es gar nicht ängstlich. Und es war innerlich erfreut und froh über das Morgenrot. Nach und nach kam wieder, als das Morgenrot sich verlor, der weißlichblaue Himmel hervor. Er wurde blauer und blauer, und das Veilchen musste wieder denken, was der Hund gesagt hatte, dass das ein großes Veilchen ist, das es selbst schlagen wird. Und siehe da, da kam ein Lamm vorbei. Und jetzt wollte das Veilchen wieder fragen, was das da oben ist: Was ist denn das da oben?, fragte das Veilchen. Da sagte das Lamm: Das ist ein großes Veilchen, so blau wie du selbst. Jetzt wurde das Veilchen wieder ängstlich und meinte, es wird von dem Lamm nur wieder dieselbe Auskunft bekommen, wie von dem bösen Hund. Aber das Lamm war gut und fromm. Und weil es so gute und fromme Augen machte, da fragte das Veilchen noch einmal: Ach, mein liebes Lamm, wird mich denn das große Veilchen da oben schlagen? O nein! antwortete das Lamm. Das wird dich nicht schlagen! Das ist ein großes Veilchen und seine Liebe ist um so viel größer als deine Liebe, als es mehr Blau hat, als du mit deiner kleinen Gestalt Blau hast. Und da verstand das Veilchen, dass das ein großes Veilchen ist, das gar nicht schlagen kann, sondern das so viel mehr Blau hat, um so viel mehr Liebe zu haben, und dass das große Veilchen das kleine Veilchen schützen wird vor allem, was feindlich ist in der Welt. Und da fühlte sich das kleine Veilchen so wohl, weil alles, was es als Blau in dem großen Himmelsveilchen sah, ihm wie die göttliche Liebe vorkam, die ihm von allen Seiten zuströmt. Und es schaute das kleine Veilchen immer auf, wie wenn es beten wollte zu dem Gott der Veilchen.

Sehen Sie, wenn man so etwa den Kindern erzählt, dann hören sie zweifellos zu. Sie hören immer zu bei solchen Dingen. Nur muss man aus einer solchen Stimmung heraus erzählen, dass die Kinder, wenn sie die Erzählung gehört haben, ein wenig das Bedürfnis haben, diese Erzählung auch innerlich seelisch zu verarbeiten. Das ist sehr wichtig. Und da hängt alles davon ab, dass man in der Lage ist, durch seine eigene Autorität die Kinder in Disziplin zu halten.

Deshalb muss man sogleich, wenn man so etwas bespricht, wie das, was ich eben erzählt habe, das Disziplinhalten daneben stellen. Denn einmal bekamen wir zum Beispiel eine Lehrkraft in die Waldorfschule herein, die konnte ausgezeichnet erzählen, ganz ausgezeichnet erzählen, aber sie machte auf die Kinder nicht einen solchen Eindruck, dass die Kinder in ganz selbstverständlicher Liebe hinhörten. Was war die Folge? Wenn eine anregende Erzählung gegeben worden war, dann wollten die Kinder gleich eine zweite haben. Und die Lehrkraft gab nach, hatte eine zweite vorbereitet. Jetzt wollten die Kinder gleich eine dritte haben; die Lehrkraft gab nach, hatte eine dritte vorbereitet.

Und so kam es zuletzt, dass diese Lehrkraft nach und nach nicht mehr genügend vorbereiten konnte. Und weil es auch notwendig ist, dass man nicht unausgesetzt wie mit einer Dampfpumpe fortwährend in die Kinder hineinpumpt – wir werden gleich sehen, wie man abwechseln soll –, so kam es, dass auch diese Lehrkraft, was natürlich ist, mit den Kindern die Dinge etwas weiter besprechen wollte. Denn es handelt sich darum, dass man jetzt weitergeht, dass man das Kind fragen lässt, dass man einem Kind an seinem Gesicht, an seiner Miene ansieht, es will einen etwas fragen. Man lässt es fragen. Man unterhält sich dann über die Frage mit dem Kind in Anlehnung an die eben gegebene Erzählung.

So wird einen ein kleines Kind wahrscheinlich fragen: Ja, warum hat der Hund eine so böse Antwort gegeben? Und da wird man dem Kind in der ganz kindlichen Weise beibringen können: Der Hund, der ist ein Wesen, das zum Wachdienst bestimmt ist, der die Leute graulich machen (Angst machen) soll, der gewohnt ist, die Leute vor sich fürchten zu machen. So wird man dem Kind erklären können, warum der Hund diese Antwort gegeben hat. Man wird ihm auch erklären können, warum das Lamm jene Antwort gegeben hat, die ich angedeutet habe.

Man wird in dieser Beziehung, nachdem man die Erzählung gegeben hat, lange mit den Kindern fortsprechen können. Dann wird man finden: Eine Frage bringt bei den Kindern gerade die andere. Alle werden zuletzt auf alles Mögliche und Unmögliche übergehen.

Da handelt es sich darum, dass man jene selbstverständliche Autorität, von der wir noch viel sprechen werden, in die Klasse hineinbringt. Sonst geschieht es, dass, während man sich mit einem Kind unterhält, die anderen gleich anfangen, Allotria zu treiben, allerlei Ungehöriges, allerlei Unfug zu treiben. Und wenn man dann genötigt ist, sich umzudrehen und Verweise zu geben, so hat man schon verloren. Man muss gerade bei kleineren Kindern die Gabe haben, viel unbemerkt zu lassen.

So konnte ich einmal einen unserer Lehrer recht bewundern. Da war ein richtiger Range in der Klasse – jetzt ist er nach ein paar Jahren schon ganz ordentlich geworden. Und siehe da, während der Lehrer sich in der ersten Bank mit einem Kind beschäftigt hat, springt er flugs aus der Bank heraus und gibt dem Lehrer eins hinten drauf. Ja, wenn der Lehrer eine große Geschichte gemacht hätte, wäre der Junge immer ungezogener geworden. Aber der Lehrer hat es nicht beachtet, gar nicht beachtet! Gewisse Dinge muss man gar nicht beachten und durch das Positive wirken, dadurch, dass man sich mit diesem Kind im Positiven beschäftigt. In der Regel ist das Beachten von Negativem etwas sehr Schlimmes.

Wenn man nicht Disziplin halten kann, wenn man nicht die selbstverständliche Autorität hat – wodurch man sie erwirbt, werden wir noch besprechen –, dann kommt das heraus, was damals herausgekommen ist: Die betreffende Lehrkraft konnte eine Erzählung an die andere fügen, die Kinder waren immer in Spannung, nur durfte die Spannung nicht nachlassen. Wenn diese Lehrkraft auch zum Entspannen übergehen wollte – was ja auch sein muss, denn sonst werden die Kinder zuletzt vollständige Nervenbündel –, da ging das eine Kind aus der Bankreihe heraus, fing an zu spielen, das andere ging einige Turnübungen zu machen, das dritte machte Eurythmie, das vierte prügelte sich mit einem anderen, ein anderes lief hinaus zur Tür. Und so war bald ein Getriebe, dass man sie nicht wieder zusammenbringen konnte, um die nächste spannende Erzählung zu hören.

Meine lieben Freunde! Es handelt sich überall darum, aus welchem Gemüt heraus auch das Ungute in der Klasse behandelt wird. In diesen Dingen kann man die sonderbarsten Erfahrungen machen. Dabei handelt es sich um so etwas wie, ob die Lehrkraft genug Vertrauen zu sich selbst hat oder nicht.

Die Lehrkraft muss mit einem solchen Gemüt, mit einer solchen Seelenstimmung in die Klasse hereinkommen, dass sie geeignet ist, sich in die Seele der Kinder ganz zu vertiefen. Wodurch erreicht man das? Dadurch, dass man seine Kinder kennt. Sie werden sehen, dass sich darin in verhältnismäßig kurzer Zeit eine Praxis erringen lässt, auch wenn man fünfzig oder noch mehr Kinder in der Klasse hat. Man lernt seine Kinder kennen, man lernt sich seine Kinder vorstellen, man weiß, welches Temperament jedes einzelne Kind hat, welche Begabung es hat, welche Physiognomie es hat und so weiter.

Bei unseren Lehrerkonferenzen, die die Seele des ganzen Unterrichts sind, werden gerade die einzelnen Kinderindividualitäten sorgfältig besprochen. Das Hinschauen auf die Individualitäten der Kinder bildet das Wesentliche dessen, was im Laufe der Lehrerkonferenzen die Lehrer selbst lernen. Dadurch vervollkommnen sich die Lehrer. Jedes Kind gibt eine große Anzahl von Rätseln auf, und im Lösen dieser Rätsel entwickeln sich die Empfindungen, die man in die Klasse hineintragen muss.

Und daher kommt es, dass, wenn eine Lehrkraft da ist, die in der Klasse – das kann man manchmal erleben –, die in der Klasse nicht selbst innerlich von dem erfüllt ist, was in den Kindern lebt, daher kommt es, dass sich die Kinder in der Klasse balgen, wenn sie kaum fünf Minuten angefangen hat. Sie geben gar nicht acht, sie treiben nur Späße. Man kann das erleben. Man kann erleben, dass es dann nicht weitergeht mit einer solchen Lehrkraft, man muss sie durch eine andere ersetzen. Musterhaft ist dann die ganze Klasse vom ersten Tag an bei der anderen Lehrkraft!

Diese Dinge können Sie erleben. Es hängt lediglich davon ab, wie die Seelenverfassung der Lehrkraft ist, ob die

Seelenverfassung so ist, dass die Lehrkraft geneigt ist, morgens meditierend sich die ganze Schar der Kinder mit ihren Eigentümlichkeiten durch die Seele ziehen zu lassen.

Sie werden sagen: Dazu braucht man eine ganze Stunde! Das braucht man nicht. Wenn man eine Stunde braucht, dann kann man es noch nicht. Wenn man dazu zehn Minuten oder eine Viertelstunde braucht, dann kann man es. Anfangs wird es schwierig sein, aber nach und nach muss dieser innerliche psychologische Blick erworben werden, der es möglich macht, dass die Lehrkraft schnell die Dinge überschaut.

Man muss, um die nötige Stimmung zu erzeugen, die notwendig ist, um dieses bildhaft Erzählerische in die Kinder hineinzubringen, man muss vor allen Dingen einen guten Blick für die Temperamente der Kinder haben. Deshalb gehört es zur Methodik des ganzen Erziehungs- und Unterrichtsbetriebs, die Temperamente der Kinder entsprechend zu behandeln. Und es stellt sich heraus, dass die beste Behandlung für die Temperamente diese ist, die Kinder gleichen Temperamentes zusammenzusetzen. Erstens ist es für den Lehrer übersichtlich, wenn er weiß, da drüben hat er die Choleriker, da drüben hat er die Melancholiker, da die Sanguiniker. Er hat dadurch einen Anhaltspunkt zum Erkennen der ganzen Klasse.

Einfach schon dadurch, dass man das tut, dass man das Kind nach seinem Temperament studiert und es nach seinem Temperament hinsetzt, hat man wieder an sich selbst etwas getan, um in der Klasse die nötige selbstverständliche Autorität zu haben. Die Dinge kommen gewöhnlich aus anderen Untergründen, als man meint. Und innere Arbeit an sich selbst muss der Lehrende und Erziehende schon verrichten.

Wenn Sie die Phlegmatiker zusammensetzen, so üben sie gegenseitige Selbstkorrektur. Sie werden sich gegenseitig so langweilig, dass sie gegen das Phlegma Antipathie bekommen. Dann wird es immer besser. Die Choleriker prügeln und puffen sich – und sie werden zuletzt der Prügel und Püffe der anderen Choleriker überdrüssig. Und so schleifen sich die einzelnen Temperamente, gerade wenn sie zusammensitzen, außerordentlich gut aneinander ab.

Aber auch der Lehrende selbst, indem er mit den Kindern spricht, indem er solche Dinge wie die eben gegebene Erzählung mit den Kindern bespricht, auch der Lehrende selbst soll die selbstverständliche instinktive Gabe in sich entwickeln, das Kind nach seinem Temperament zu behandeln.

Ich habe ein phlegmatisches Kind. Ich behandle, wenn ich im Anklang an eine solche Erzählung mit dem Kind spreche, ich behandle das Kind mit einem noch größeren Phlegma, als es selbst hat. Ein sanguinisches Kind, das immer von einem Eindruck zum andern läuft, das bei keinem festhalten kann, bei dem versuche ich, die Eindrücke noch schneller wechseln zu lassen, als es selbst sie behandelt.

Bei einem cholerischen Kind versuche man, möglichst in stoßiger, schneller Weise, sodass man selbst ins Cholerische hineinkommt, ihm die Dinge beizubringen, und man wird sehen, dass es sich nach und nach an der dargestellten Cholerik des Erziehers in seiner Cholerik abstößt. Gleiches muss mit Gleichem behandelt werden, nur darf man dabei nicht lächerlich werden. Und so bringt man es allmählich dahin, die Stimmung zu erzeugen, in der solch eine Erzählung nicht bloß gegeben werden kann, sondern in der solch eine Erzählung auch besprochen werden kann.

Aber man bespreche die Erzählung zuerst, ehe man sie wiederholen lässt. Die schlimmste Methode ist die, eine solche Erzählung zu geben und dann zu sagen: Du, Edith Müller, musst mir das jetzt wieder erzählen. Das hat gar keinen Sinn. Ein Sinn kommt in die Sache nur, wenn über die Erzählung – gescheit oder töricht, man braucht in der Klasse nicht immer gescheit zu reden, es kann auch töricht geredet werden, man wird zumeist das zuerst tun –, wenn über die Erzählung eine Zeit lang gesprochen wird. Dadurch wird dem Kind die Sache zu eigen. Dann kann man es sich wieder erzählen lassen. Das ist aber das weniger Wichtige.

Zunächst ist nicht das das Wichtige, dass das Kind sich eine solche Sache gedächtnismäßig aneignet. Darauf kommt es in diesem Lebensalter, von dem wir jetzt sprechen, zwischen dem Zahnwechsel und dem 9. oder 10. Jahr, sehr wenig an. Es ist sogar besser, wenn man damit rechnet, dass das Kind sich gedächtnismäßig das aneignen kann, was ihm bleibt – und das, was es vergisst, mag es vergessen. Auf die Ausbildung des Gedächtnisses kann man besser bei anderen Unterrichtsstoffen als bei solchen Erzählungen sehen, wie wir auch noch ausführen werden.

Aber jetzt wollen wir ein klein wenig die Frage behandeln: Warum habe ich gerade eine Erzählung mit einem solchen Inhalt gewählt? Das ist aus dem Grund, weil die Vorstellungen, die in dieser Erzählung spielen, mit dem Kind wachsen können. Sie können wachsen. Sie haben alles Mögliche darin, worauf man später zurückkommen kann.

Das Veilchen wird ängstlich, weil es das große Veilchen oben sieht. Das braucht man mit dem kleinen Kind noch nicht zu erörtern: Später, wenn man nötig hat, kompliziertere Lehrstoffe durchzunehmen, kann bei Gelegenheit, wenn irgendwo die Angst auftritt, auf dieses zurückgekommen werden.

In dieser Erzählung tritt Kleines und Großes auf. Kleines und Großes kommt wiederholt, immer wieder im Leben vor und wirkt aufeinander. Man kann später darauf zurückkommen.

In dieser Erzählung kommt aber vor allen Dingen der böse Rat des Hundes vor – und nachher der wohlwollende, liebevolle Rat des Lammes. Was kann alles später, wenn das hervorgeholt wird, nachdem das Kind so etwas in der Seele lieb gewonnen hat, was kann alles später, wenn das Kind dazu reif ist, an Betrachtungen angeknüpft werden über das Gute und das Böse, über die entgegengesetzten Empfindungen, die in der Seele wurzeln!

Und denken Sie: Auch noch bei einem sehr «reifen Kind» kann man auf diese einfache kindliche Erzählung zurückkommen. Man kann ihm klarmachen, dass man oft nur Angst hat vor einer Sache, weil man sie nicht versteht, weil sie falsch dargestellt ist. Dieses Zwiespältige im Empfindungsleben, das man später bei diesem und jenem Lehrstoff zu besprechen hat, das kann in der wunderbarsten Weise gefunden werden, wenn man im späteren Leben auf diese Erzählung zurückkommt.

Und im Religionsunterricht, der erst später auftreten soll, wie schön ist diese Erzählung gerade zu benutzen, indem man zeigt, wie das Kind das religiöse Gefühl entwickelt an dem Großen, das der Beschützer des Kleinen ist, und wie man das echte religiöse Gefühl dadurch entwickeln muss, dass man in sich das findet, was an dem Großen beschützend auftritt. Das kleine Veilchen ist ein kleines blaues Wesen, der Himmel ist ein großes blaues Wesen: Daher ist der Himmel der blaue Gott des Veilchens.

Es wird das auf mehrfacher Stufe im Religionsunterricht zu benutzen sein. Wie schön kann man später daran anknüpfen und vergleichen, wie das menschliche Innere selbst ein Göttliches ist! Man kann später zu dem Kind sagen: Sieh einmal, dieses große Himmelsveilchen, der Veilchen-Gott, der ist in alle Weiten ganz blau. Jetzt denkst du dir ein kleines Stück herausgeschnitten, das ist das kleine Veilchen. So ist der Gott so groß wie der Weltozean, und deine Seele ist ein Tropfen von Gott. Aber so wie das Wasser des Meeres, wenn es einen Tropfen bildet, dasselbe Wasser ist, so ist deine Seele dasselbe, was der große Gott ist, nur ein kleiner Tropfen davon!

Und so wird man, wenn man die richtigen Bilder findet, für das ganze kindliche Alter es einrichten können, dass man später auf diese Bilder wieder zurückkommt, wenn das Kind reifer ist. Aber es handelt sich darum, dass der Lehrer selbst Gefallen und Sympathie für diese Bildhaftigkeit findet. Und Sie werden sehen, wenn Sie ein Dutzend solche Erzählungen durch Ihre Erfindungsgabe ausgebildet haben, dann können Sie sich gar nicht mehr retten. Sie kommen

Ihnen überall, wo Sie gehen und stehen. Denn die menschliche Seele ist ein unversieglicher Quell, der es hervorbringen kann, wenn ihm nur einmal das Hervorzubringende auf der ersten Stufe entlockt ist.

Der Mensch ist nur so träge, dass er die ersten Anstrengungen nicht machen will, um das aus sich hervorzubringen, was in der Seele drin sitzt. Das ist das, meine lieben Freunde, was ich zunächst heute sagen wollte. (Es wird übersetzt).

II.

Meine lieben Freunde! Wir wollen uns einen anderen Zweig des bildhaften Lehrens und Erziehens vor die Seele führen. Dabei wird es sich darum handeln, dass gerade bei dem ganz kleinen Kind der Intellekt, der Verstand, der abgesondert in der Seele wirkt, noch nicht ausgebildet werden soll, sondern alles Denken am Anschaulichen, am Bildlichen entwickelt werden soll.

Man wird schon mit achtjährigen Kindern ganz gut Übungen der folgenden Art machen können, wenn sie auch zunächst ungeschickt sind. Man stellt zum Beispiel vor das Kind diese Figur hin (s. Tafelzeichnung S. 115, links oben: zunächst nur der Halbkreis links) und man versucht, das Kind dahin zu bringen, dass es aus sich selbst heraus das Gefühl bekommt: Das ist nicht fertig, da fehlt etwas. Man wird natürlich nach der Individualität des Kindes vorgehen müssen, um das Gefühl dieses Fehlens hervorzubringen. Man wird zu dem Kind sagen: Sieh einmal, das geht bis da herunter (linke Hälfte), das geht nur bis dahin (rechte, unfertige Hälfte); das ist doch nicht schön, wenn das hier ganz bis da herunter geht, das andere nur bis hierher!

Und so wird man das Kind allmählich dazu bringen, dass es diese Figur ergänzt, dass es empfindet: Die Figur ist nicht fertig, sie muss ergänzt werden. Es wird das Kind dazu gebracht werden können, dieses zu der Figur hinzuzusetzen. Ich zeichne das rot (Ergänzung in Rot), was das Kind natürlich auch weiß zeichnen kann. Was von dem Kind ergänzt werden soll, ist von mir durch eine andere Farbe angedeutet. Das Kind wird sich zunächst höchst ungeschickt benehmen, aber es wird nach und nach im Ausgleichen von etwas ein denkendes Anschauen und ein anschauendes Denken entwickeln. Das Denken wird ganz im Bild bleiben.

Jetzt werde ich ihm aber sagen: Das geht noch immer nicht, da fehlt noch immer etwas! (Gerade nach unten). Dann wird es schneller darauf kommen und wird auch das noch dazu machen (Gerade in Rot). Und habe ich einmal ein paar Kinder in der Klasse dazu gebracht, in dieser einfachen Weise die Dinge zu ergänzen, dann werde ich weiter vordringen können.

Dann werde ich vielleicht noch diese Figur (rechts davon) dem Kind vorzeichnen. Ich werde die komplizierte Figur als unfertig von dem Kind empfinden lassen und das Kind veranlassen, das zu machen, was zur Fertigstellung geschehen soll (rot). Auf diese Weise werde ich in dem Kind ein Formgefühl hervorrufen, ein Formgefühl, durch das das Kind veranlasst wird, Symmetrie, Harmonie zu empfinden.

Das kann wieder weiter ausgebildet werden. Ich kann zum Beispiel in dem Kind ein Gefühl davon hervorrufen, welches die innerlich angeschaute Gesetzmäßigkeit dieser Figur ist. Ich bringe dem Kind diese Figur vor (links unten). Das Kind bekommt schon ein Gefühl davon, dass diese Linie hier zusammengeht, die andere Linie hier auseinandergeht. Dieses Sich-Schließen und Auseinandergehen, das ist etwas, was ich dem Kind gut beibringen kann.

Jetzt gehe ich dazu über und mache die folgende Figur dem Kind vor (rechts unten): Ich mache die krummen Linien zu Geraden mit Ecken, und ich veranlasse das Kind, selbst diese innere Linie in der entsprechenden Weise zu machen. Man wird mit achtjährigen Kindern manche Mühe haben, aber gerade bei achtjährigen Kindern ist dann der Erfolg ein außerordentlich großer, wenn man sie veranlasst, auch wenn man es vorher selbst gezeigt hat, bei weiteren Figuren das selbst zu machen. Man muss das Kind dazu bringen, seinerseits die inneren Figuren nachzumachen, mit demselben Charakter, nur in der Eckigkeit vorzugehen.

Auf diese Weise erzieht man das Kind zum Formgefühl, zum Empfinden in der Harmonie, in der Symmetrie, in dem Sich-Entsprechen und so weiter. Und dann kann man von solchen Dingen dazu übergehen, bei dem Kind eine Vorstellung davon hervorzurufen, wie sich etwas spiegelt, wenn hier meinetwillen eine Wasseroberfläche ist (oben rechts), hier irgendein Gegenstand: Man ruft in dem Kind die Vorstellung hervor und zeigt ihm, wie sich das spiegelt.

Auf diese Weise kann man das Kind nach und nach in die Harmonien hineinführen, die sonst überall in der Welt herrschen.

Man kann dann dazu übergehen, das Kind an sich selbst geschickt werden zu lassen im anschaulichen, bildhaften Denken: Zeige mir mit deiner linken Hand das rechte Auge! Zeige mir mit deiner rechten Hand das rechte Auge! Zeige mir mit deiner rechten Hand das linke Auge! Zeige mir von rückwärts aus mit der rechten Hand die linke Schulter! Und so weiter. Das Kind veranlassen, es so zu machen: Zeige mir mit der linken Hand die rechte Schulter! Zeige mir mit der rechten Hand dein linkes Ohr! Zeige mir mit der linken Hand das linke Ohr! Zeige mir mit der rechten Hand deine rechte große Zehenspitze! Und so weiter.

Das Kind an sich selbst also die kuriosesten Übungen machen lassen, zum Beispiel: Beschreibe mit deiner rechten Hand einen Kreis um die linke Hand! Beschreibe mit deiner linken Hand einen Kreis um die rechte Hand! Beschreibe zwei Kreise, die die Hände umeinander bilden! Beschreibe zwei Kreise: mit der einen Hand nach der einen Seite, mit der anderen Hand nach der anderen Seite! Man lasse es immer schneller und schneller machen: Bewege schnell den mittleren Finger deiner rechten Hand! Bewege schnell den Daumen der rechten Hand! Bewege schnell den kleinen Finger!

So lässt man am Kind selbst mit rascher Geistesgegenwart allerlei Übungen machen. Was ist der Erfolg solcher Übungen? Wenn ein Kind solche Übungen um das 8. Lebensjahr herum macht, so lernt es durch solche Übungen denken, und zwar denken für das Leben.

Wenn man direkt denken lernt durch den Kopf, so ist das nicht denken für das Leben, man wird später denkmüde.

Wenn man dagegen am eigenen Körper in schneller Geistesgegenwart auszuführende Bewegungen macht, bei denen nachgedacht werden muss, dann wird man später lebensklug. Man wird einen Zusammenhang bemerken zwischen der Lebensklugheit eines Menschen im 35., 36. Jahr und dem, was man ihn an solchen Übungen hat machen lassen im 7. und 8. Jahr. So hängen die verschiedenen Epochen des Lebens zusammen.

Aus dieser Menschenerkenntnis heraus muss man versuchen, das einzurichten, was man an das Kind heranzubringen hat.

So kann man auch gewisse Harmonisierungen in den Farben erreichen. Nehmen wir an, ich mache mit dem Kind die Übung, dass ich solch eine Malerei bringe (s. Zeichnung S. 116, links, rot). Jetzt bringe ich ihm bei, indem ich sein Gefühl anrege, dass neben dieser Farbfläche (rot) sich harmonisch gut eine grüne Farbfläche fühlen lässt. Das muss natürlich mit Farben ausgeführt werden, dann sieht man es besser. Jetzt versuche ich dem Kind klarzumachen: Ich werde die Sache einmal umdrehen (Zeichnung rechts). Ich mache das Grüne hier (nach innen) und frage das Kind: Was wirst du mir da rundherum machen? Dann wird das Kind rundherum das so machen (rot). Und man bekommt dadurch, dass man diese Dinge macht, das Kind dazu, die Harmonie der Farben allmählich zu empfinden. Das Kind lernt wissen: Wenn ich hier in der Mitte eine rote Fläche habe, ringsherum grün, so muss ich, wenn das Rot grün wird, das Grüne rot machen. Dieses Sich-Entsprechen von Farbe und Form auf das Kind wirken lassen, das ist von einer ungeheuren Bedeutung gerade in diesem Lebensalter gegen das 8. Jahr hin.

Was man braucht, um mit einem solchen innerlich zu gestaltenden Unterricht vorwärtszukommen, meine lieben Freunde, das ist, ja, ich muss es durch ein Negatives ausdrücken, das ist: kein Stundenplan – kein Stundenplan! In der Waldorfschule haben wir einen sogenannten Epochenunterricht, keinen Stundenplan.

Wir nehmen die Beschäftigung mit einem Gegenstand vier oder sechs Wochen, setzen das fort etwa vier bis sechs Wochen. Wir haben nicht von 8 bis 9 Uhr Rechnen, von 9 bis 10 Uhr Lesen, von 10 bis 11 Uhr Schreiben, sondern wir nehmen eine Materie, mit der wir uns fortlaufend im Hauptunterricht Morgen für Morgen vier bis sechs Wochen lang beschäftigen. Dann wechseln wir, wenn die Kinder entsprechend weit gekommen sind. Sodass wir niemals damit abwechseln, dass wir von 8 bis 9 Uhr Rechnen und von 9 bis 10 Uhr Lesen haben, sondern wir treiben Rechnen für sich sechs Wochen lang, wir treiben dann Lesen wieder für sich vier oder sechs Wochen lang, je nachdem es ist. Wir haben Stundenpläne nur in einzelnen Fächern, von denen ich noch sprechen werde. Aber in der Hauptsache, bei dem sogenannten Hauptunterricht, haben wir streng den Epochenunterricht eingeführt. Diese Epochen hindurch nehmen wir nur Gleichartiges, wie eins aus dem anderen hervorgeht.

Dadurch entheben wir das Kind des innerlich ungeheuer Störenden, dass es in einer Stunde Dinge auf seine Seele wirken lassen muss, die in der nächsten Stunde wieder ausgelöscht werden. Diese Dinge können nicht sein, wenn dieser Epochenunterricht eingeführt wird.

Es wird gegen diesen Epochenunterricht vielfach eingewendet, dass die Kinder die Dinge wieder vergessen. Aber das ist eine Sache, die nur für die einzelnen Unterrichtsfächer, zum Beispiel für das Rechnen, in Betracht kommt, und da kann man durch kleine Wiederholungen die Sache ausbessern. Für die meisten Unterrichtsfächer kann dieses Vergessen überhaupt keine große Rolle spielen, jedenfalls nicht gegenüber dem, was gewonnen wird, an Ungeheurem gewonnen wird dadurch, dass das Kind konzentriert über eine ganze Epoche hin an einer Materie festgehalten wird.

Wir werden es heute bei diesen zwei Teilen bewenden lassen, ich werde morgen trachten, in drei Teile wieder zu teilen. Für heute müssen wir Schluss machen.

Fünfter Vortrag

Zählen und Rechnen aus dem Leben

Der Zauber des pythagoreischen Lehrsatzes

Torquay, 16. August 1924

Meine lieben Freunde!

Wenn man einem Kind etwas beibringen will, dann hat man es nötig, etwas von dem Wesen der Sache zu verstehen, um sich nicht im Unterricht und in der Erziehung in Dingen zu bewegen, die dem Leben fernliegen. Alles, was dem Leben naheliegt, kann man verstehen. Man kann auch sagen: Was man versteht, muss dem Leben naheliegen. Die Abstraktionen, die liegen dem Leben nicht nahe.

Heute ist es so, dass der Lehrende, der Erziehende, von gewissen Dingen von vornherein nur Abstraktionen hat, dass er mit gewissen Dingen dem Leben nicht nahesteht. Das macht für die Erziehung und den Unterricht die allergrößten Schwierigkeiten.

Bedenken Sie nur das Folgende: Sie wollen darüber nachdenken, wie Sie dazu gekommen sind, Dinge zu zählen, sie wollen darüber nachdenken, was eigentlich damit getan ist, dass Sie zählen. Sie werden finden, dass der Faden Ihrer Untersuchungen abreißt, dass Sie zählen gelernt haben, aber nicht recht wissen, was Sie mit dem Zählen tun.

Für die Pädagogik werden allerlei Theorien ersonnen, wie man den Begriff der Zahl, wie man das Zählen einem

Kind beibringen soll, und danach richtet man sich dann auch gewöhnlich, nach solchen Theorien. Aber wenn man auch damit äußerliche Erfolge erzielen kann, an den ganzen Menschen kommt man mit diesem Zählen nicht heran – überhaupt mit solchen Dingen, die dem Leben fernliegen.

Die neuere Zeit hat gerade dadurch bewiesen, dass sie in Abstraktionen lebt, dass sie solche Dinge wie die Rechenmaschine erfunden hat – im Unterricht meine ich. Im kaufmännischen Büro mögen die Leute die Rechenmaschine benutzen, wie sie wollen, das geht uns jetzt nichts an. Aber im Unterricht verhindert von vornherein diese Rechenmaschine, die sich ausschließlich an den Kopf wendet, dass man an das Kind in einer wesensgemäßen Weise mit der Zahl herankommt.

Es handelt sich darum, dass man auch das Zählen aus dem Leben heraus gewinnt. Da wird vor allen Dingen bei so etwas wichtig sein, dass man von vornherein weiß: Es kann sich gar nicht darum handeln, dass das Kind restlos alles versteht, was man ihm beibringt. Das Kind muss vieles auf Autorität hin aufnehmen, aber es muss es naturgemäß, sachgemäß aufnehmen.

Daher können Sie finden, dass das, was ich Ihnen über das Beibringen des Zählens sage, dass das vielleicht noch schwierig ist für das Kind. Aber das schadet nichts, meine lieben Freunde. Es ist außerordentlich bedeutsam, dass im Leben des Menschen solche Momente eintreten, wo man sich im 30., 40. Jahr sagt: Jetzt verstehe ich etwas, was ich damals im 8., 9. Jahr oder sogar noch früher auf Autorität hin in mich aufgenommen habe. Das belebt. Wer dagegen all die Trivialitäten nimmt, die man heute als «Anschauungsunterricht» in den Unterricht einführen will, der kann ins Verzweifeln geraten, wie trivial die Dinge gemacht werden, damit sie, wie man sagt, dem Verständnis des Kindes nähergebracht werden.

Denken Sie einmal, Sie nehmen selbst das kleinste Kind, das sich noch recht ungeschickt dabei benimmt, und Sie sagen ihm: Sieh einmal, du stehst jetzt da. Ich nehme ein Stück Holz. Hier habe ich ein Messer, ich zerschneide dieses Stück Holz. Kann ich das auch mit dir machen? Da wird das Kind doch darauf kommen, dass ich das nicht mit ihm machen kann. Ich kann es nicht mit dem Kind machen.

Jetzt kann ich dem Kind sagen: Sieh einmal, wenn ich das Holz zerschneiden kann, dann ist das Holz nicht so wie du, und du nicht so wie das Holz, denn dich kann ich nicht zerschneiden. Es ist also ein Unterschied zwischen dir und dem Holz. Der Unterschied besteht darin, dass du eine Einheit bist. Das Holz ist keine Einheit, du bist eine Einheit, dich kann ich nicht zerschneiden. Das, was du bist, deshalb, weil ich dich nicht zerschneiden kann, das nenne ich eine Einheit.

Man wird jetzt allmählich dazu übergehen, dem Kind ein Zeichen für diese Einheit beizubringen. Man macht einen Strich: I (s. Tafelzeichnung S. 117, links oben, 2. Zeile) – man bringt also dem Kind bei: Das ist eine Einheit, und man macht dafür diesen Strich.

Jetzt kann man von dem Holz und dem Vergleich mit dem Kind abgehen, und man kann jetzt zu dem Kind sagen: Sieh einmal, da hast du eine Hand (rechte Hand), da hast du auch eine Hand (linke Hand): Hand, Hand. Und man wird dem Kind beibringen: Wenn du nur eine Hand hättest, dann könnte sich diese eine Hand überallhin bewegen, wie du selbst. Aber wenn du so weitergehst, dann kannst du dir nicht begegnen, du kannst dich nicht angreifen. Wenn sich aber diese Hand und diese Hand bewegen, dann können sie sich angreifen, dann können sie zusammenkommen. Das ist was anderes, als wenn du allein gehst. Weil du allein gehst, bist du eine Einheit. Aber die eine Hand kann der anderen Hand begegnen. Das ist nicht mehr eine Einheit, das ist eine Zweiheit. Siehst du, du bist einer, aber du hast zwei Hände. Das bezeichnest du dann so: II (zwei Striche rechts vom ersten Strich).

Auf diese Weise bringen Sie aus dem Kind selbst heraus den Begriff der Einheit und der Zweiheit zustande.

Jetzt gehen Sie weiter, Sie rufen ein zweites Kind heraus und sagen: Wenn ihr aber geht, könnt ihr euch auch begegnen, könnt ihr euch auch berühren. Ihr seid eine Zweiheit. Es kann aber noch einer dazu kommen – das kann bei den Händen nicht der Fall sein. So kann man beim Kind zur Dreiheit übergehen: III (weiter rechts).

Und auf diese Weise kann man aus dem heraus, was der Mensch selbst ist, die Zahl ableiten. Man kommt vom Menschen zu der Zahl. Der Mensch ist etwas Lebendiges, nichts Abstraktes.

Und man kann weitergehen und kann sagen: Sieh einmal, du hast noch irgendwo eine Zweiheit. Man treibt das so lange, bis das Kind zu seinen beiden Beinen und Füßen kommt, es hat seine zwei Beine. Jetzt sagt man: Aber du hast schon des Nachbars Hund gesehen, ist der auch nur auf zwei Füßen? Dann wird das Kind dazu kommen, in den vier Strichen IIII das Sich-Aufstützen des Nachbars Hund kennenzulernen. Und es wird aus dem Leben heraus allmählich die Zahlen aufbauen lernen.

Da ist es gut, wenn der Lehrer wieder überall offene Augen hat und alles mit Verständnis anschaut. So kann man ganz gut – weil man zuerst, wie es auch natürlich ist, mit diesen römischen Zahlen die Zahlen zu schreiben anfängt – nicht mit den anderen, sondern mit den römischen Zahlen, denn das ist dasjenige, was das Kind selbstverständlich gleich auffasst –, so kann man ganz gut, man kann leicht, wenn man bei der Vier ist, mithilfe der Hand zu der Fünf übergehen: V. Da wird man bald darauf kommen. Das ist so: Wenn du das (den Daumen) zurückhältst, so kannst du diese Vier so benutzen wie der Hund: IIII. Dann aber kommt noch der Daumen dazu, jetzt sind es fünf: V.

Ich stand einmal einem Lehrer gegenüber, der hatte es bis hierher getrieben (in der Erklärung der römischen Zahlen) und konnte nicht darauf kommen, dass es den Römern eingefallen ist, nicht fünf Striche nebeneinander zu machen, sondern für die Fünf dieses Zeichen zu machen: V. Bis zur IIII konnte es der Lehrer ganz gut bringen, er konnte den Kindern ganz gut die Vier IIII an den fünf Fingern beibringen, wie ich es jetzt gezeigt habe. Da sagte ich: Machen wir es so, legen wir die fünf Finger so auseinander, dass sie zwei Reihen bilden, und dann haben wir es: V (Mitte links). Da haben wir in der römischen Fünf die Hand drinnen. Das ist auch die Entstehung der römischen Fünf gewesen. Die Hand ist da drinnen.

In einem so kurzen Kurs kann man natürlich nur das Prinzip erklären. Auf diese Weise bekommt man die Möglichkeit, die Zahl selbst unmittelbar aus dem Leben abzulesen. Und dann erst, wenn man in dieser Weise unmittelbar aus dem Leben die Zahl herausgewirkt hat, dann versucht man, das Zählen durch Anführen der Zahlen nacheinander durchzunehmen.

Aber man versucht dieses so durchzunehmen, dass es dem Kind nicht gleichgültig bleibt – ehe man ihm sagt: Jetzt sage mir einmal die Zahlen hintereinander, 1, 2, 3, 4, 5, 6, 7, 8, 9 und so weiter. Wir gehen vom Rhythmus aus, wir gehen von 1 zu 2: eins, *zwei;* eins, *zwei;* eins, *zwei.* Wir lassen es stärker auftreten bei der 2, gehen zur 3 auch so hinüber ins Rhythmische: eins, zwei, *drei;* eins, zwei, *drei.* Auf diese Weise legen wir in die Zahlenreihe den Rhythmus hinein, kommen auf diese Weise beim Kind auch zu der Fähigkeit, die Dinge zusammenzufassen, eine Zusammenfassung zu bewirken. Wir gelangen so in einer naturgemäßen Weise dazu, aus dem Wesen der Zahl heraus dem Kind die Zahlen beizubringen.

Der Mensch glaubt gewöhnlich, er hat die Zahlen ausgedacht, indem er immer eins zum anderen hinzugefügt hat. Das ist aber gar nicht wahr, der Kopf zählt überhaupt nicht.

Man glaubt im gewöhnlichen Leben gar nicht, welch ein merkwürdiges, für das irdische Leben unnützes Organ dieser menschliche Kopf ist. Er ist zur Schönheit da, weil das Antlitz den anderen gefällt. Er hat noch mancherlei andere Tugenden, aber für die geistigen Tätigkeiten ist er gar nicht da, denn das, was er geistig in sich hat, der Kopf, das führt

(Fortsetzung S. 121)

Zum 2. Vortrag (13. August 1924)

Zum 3. Vortrag (14. August 1924)

Zum 4. Vortrag (15. August 1924)

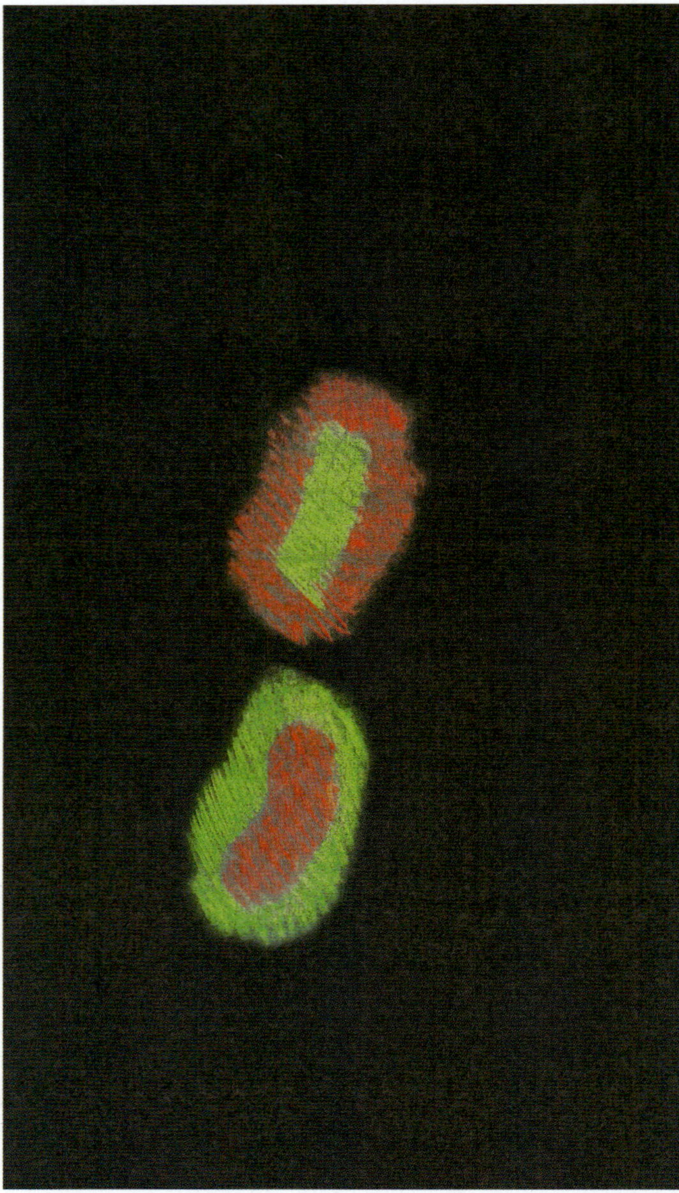

Zum 4. Vortrag (15. August 1924)

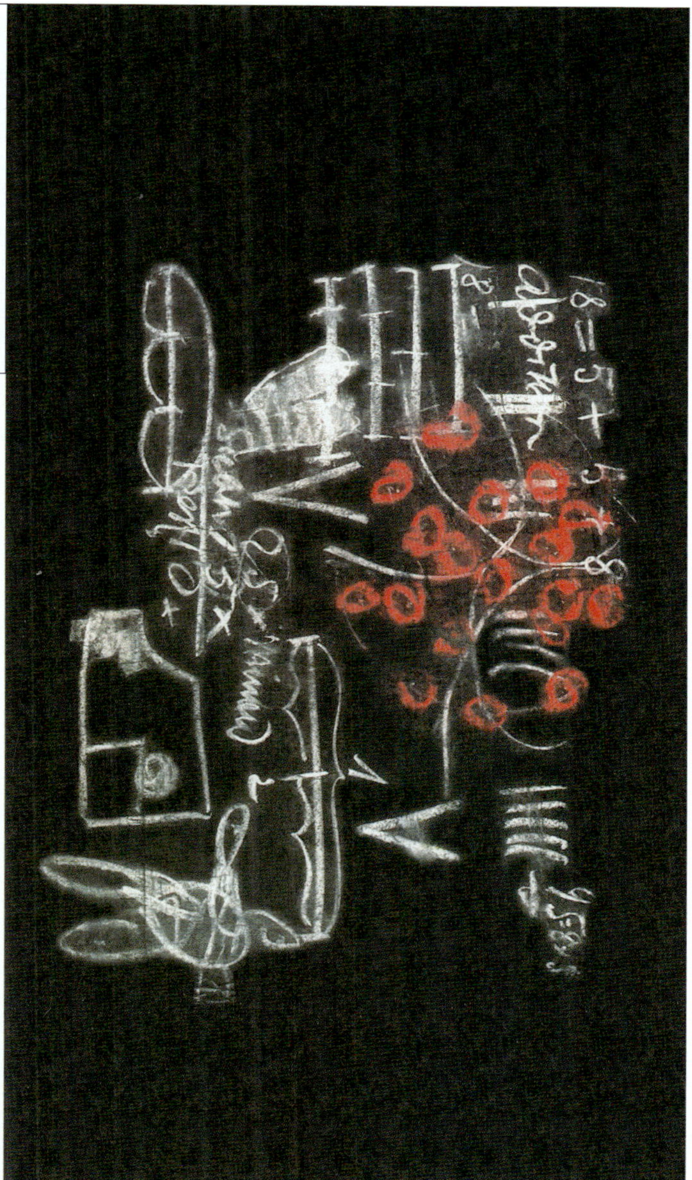

Zum 5. Vortrag (16. August 1924)

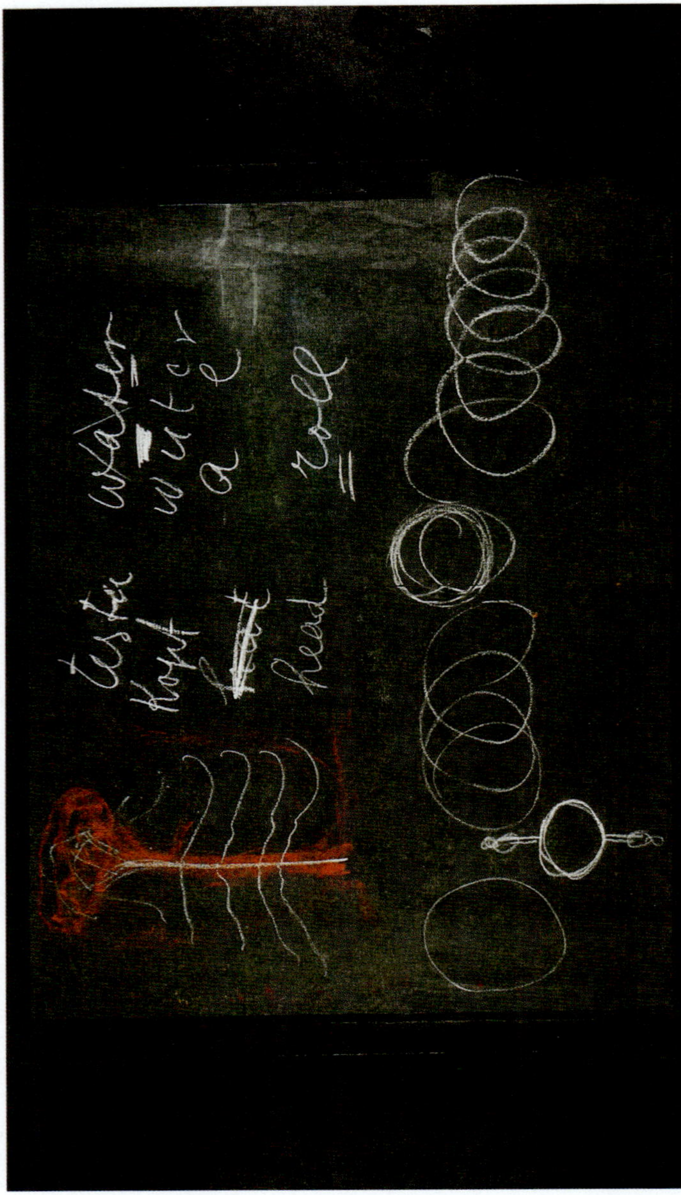

Zum 6. Vortrag (18. August 1924)

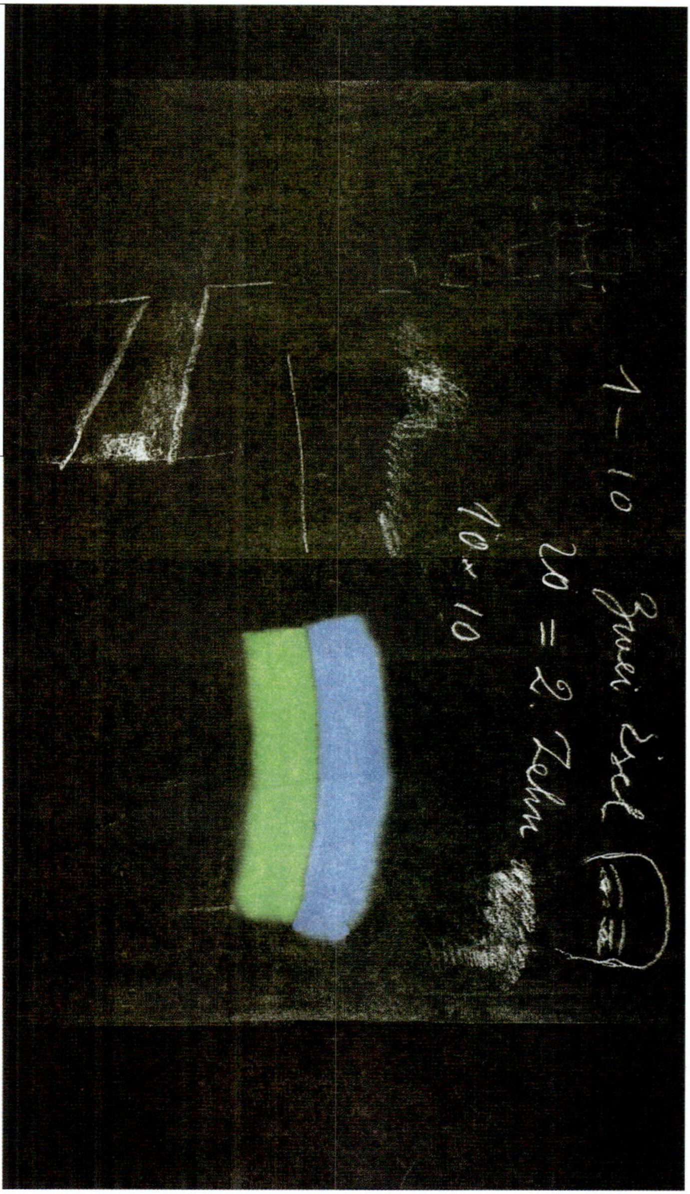

Zur Fragenbeantwortung (20. August 1924)

Zur Fragenbeantwortung (20. August 1924)

immer in das frühere irdische Leben zurück. Er ist das umgestaltete frühere Erdleben. Einen richtigen Sinn hat es nur dann für den Menschen, einen Kopf zu haben, wenn er etwas von seinen früheren Leben weiß. Alles andere kommt gar nicht von dem Kopf.

Wir zählen in Wirklichkeit im Unterbewussten nach den Fingern. In Wirklichkeit zählen wir von 1 bis 10 (die zehn Finger), elf (eine Zehe dazu), zwölf, dreizehn, vierzehn. Das sieht man zwar nicht, aber man macht das so (mit den Zehen) bis zwanzig. Und dasjenige, was man im Körper auf diese Weise tut, das spiegelt sich im Kopf nur ab, der Kopf schaut bei alldem nur zu. Der Kopf im Menschen ist nur ein Spiegelungsapparat von dem, was der Körper macht. Der Körper denkt, der Körper zählt. Der Kopf ist nur ein Zuschauer.

Dieser Kopf hat eine merkwürdige Ähnlichkeit mit etwas anderem. Wenn Sie hier ein Auto haben (s. Zeichnung S. 117, rechts unten) und Sie sitzen bequem da hinten, so tun Sie gar nichts. Der Chauffeur da vorne muss sich plagen, sie sitzen da hinten und bewegen sich weiter. Der Kopf plagt sich nicht, der sitzt einfach auf dem Körper und lässt sich ruhig durch die Welt tragen, er schaut allem nur zu. Was getan wird im geistigen Leben, das wird alles vom Körper getan. Mathematisiert wird vom Körper, gedacht wird auch vom Körper, gefühlt wird auch vom Körper.

Die Rechenmaschine, die entspringt dem Irrtum, als ob der Mensch mit dem Kopf rechnen würde. Man bringt dann dem Kind mit der Rechenmaschine das Rechnen bei, das heißt, man strengt seinen Kopf an, und der Kopf, der strengt dann damit den Körper an, denn rechnen muss doch der Körper. Aber man zählt nicht so, dass der Körper zählen muss. Das ist wichtig. Es ist wichtig, dass man das Kind mit den Fingern und auch mit den Zehen zählen lässt, wie es überhaupt ganz gut ist, wenn man möglichst Geschicklichkeit bei den Kindern herausfordert.

Es ist nichts Besseres im Leben, als wenn man den Menschen im Ganzen geschickt macht. Das kann man nicht durch Sport, der macht nicht geschickt. Aber geschickt macht es zum Beispiel, wenn man den Menschen zwischen der großen und der nächsten Zehe einen Griffel halten lässt und ihn schreiben lässt mit dem Fuß, wenn man den Menschen Ziffern schreiben lässt mit dem Fuß. Das ist etwas, was eine große Bedeutung hat, weil der Mensch in seinem ganzen Körper seelendurchdrungen, geistdurchdrungen ist. Der Kopf ist der sich da oben anlehnende und nichtstuende Mitfahrende, während der Körper überall der Chauffeur ist. Der muss alles tun.

Und so muss man von den verschiedensten Seiten her versuchen, das, was das Kind als Zählen lernen soll, aufzubauen. So ist es wichtig, dass man, wenn man eine Zeit lang so gearbeitet hat, auch dazu kommt, das Zählen nicht bloß durch Zulegen von einem zu dem anderen hervorzurufen – das ist das weniger wichtige Zählen, das Zulegen des einen zu dem anderen – sondern man bringt dem Kind bei: Das ist die Einheit (s. Zeichnung S. 117, links: waagerechter Strich). Jetzt teilt man das ab auf dieses (zweite Linie mit einem Strich in der Mitte): Das ist die Zweiheit. Es ist da nicht eine Einheit neben die andere zur Zweiheit gelegt, sondern da ist die Zweiheit aus der Einheit hervorgegangen. Das ist wieder die Einheit (dritte Linie), das ist dann die Dreiheit (zwei Striche). Und auf diese Weise kann man auch die Vorstellung hervorrufen, dass die Einheit das Umfassende ist, das, was die Zweiheit, die Dreiheit, die Vierheit umfasst. Wenn man so zählen lernt 1, 2, 3, 4, und so weiter, werden die Begriffe des Kindes lebendig. Dadurch entsteht im Kind etwas von einem innerlichen Durchdringen des Zahlenmäßigen.

In gewissen Zeiten des Altertums hat man überhaupt unsere Begriffe des Zählens, wo immer nur eine Bohne neben die andere gelegt wird, oder an der Rechenmaschine eine Kugel neben die andere gesetzt wird, gar nicht gekannt, sondern man hat gesagt: Die Einheit ist das Größte, jede Zwei ist nur die Hälfte davon, und so weiter. Auf diese Weise kommen wir in das Wesen des Zählens hinein – anschaulich, am Außending. Und man soll das Denken des Kindes immer nur am Außending, am Anschaulichen entwickeln, man soll die Abstraktion möglichst fernhalten. Das also über das Bilden der Zahlen.

Das Kind bekommt dann nach und nach die Möglichkeit, die Zahlenreihe bis zu einem gewissen Grad zu haben, meinetwillen zuerst bis 20, dann 100, und so weiter. Aber man gehe auf diese Weise vor, um dem Kind lebendig das Zählen beizubringen. Ein Kind kann dann zählen. Das Kind soll zuerst zählen lernen – ich sage ausdrücklich: zählen – nicht gleich rechnen, sondern zählen. Das Kind soll zählen können, bevor man ans Rechnen geht. (Es wird übersetzt).

II.

Meine lieben Freunde! Wenn man dem Kind das Zählen nahegebracht hat, so wird es sich darum handeln, es an das Rechnen heranzubringen. Auch das Rechnen muss aus dem Lebendigen herausgeholt werden. Das Lebendige ist immer ein Ganzes, ist als ein Ganzes zuerst gegeben.

Man verübt Schlechtes an dem Menschen, wenn man ihn dazu veranlasst, immer aus den Teilen ein Ganzes zusammenzusetzen, wenn man ihn nicht dazu erzieht, auf ein Ganzes hinzuschauen, und dieses Ganze dann in Teile zu gliedern. Dadurch, dass man den Menschen veranlasst, also das Kind veranlasst, auf ein Ganzes hinzuschauen und es zu gliedern, zu teilen, dadurch führt man das Kind an das Lebendige heran.

Man bemerkt vieles nicht, was die materialistische Zeit mit Bezug auf die Menschheitskultur getrieben hat. Heute wird man gar keinen besonderen Anstoß nehmen, sondern es als etwas Selbstverständliches betrachten, Kinder mit dem Baukasten spielen zu lassen, einzelne Steinchen zu haben und aus denen ein Gebäude zusammenzusetzen. Das ist aber ein Wegführen des Kindes vom Lebendigen.

Das Kind hat auch nicht das Bedürfnis, aus den Teilen seiner Wesenheit heraus ein Ganzes zusammenzusetzen. Das Kind hat ganz andere, unbequemere Bedürfnisse. Das Kind hat gleich das Bedürfnis, wenn es dazu kommt, dass man ihm eine Uhr gibt, sie zu zerteilen, das Ganze in Teile zu zerlegen. Das entspricht viel mehr der Wesenheit des Menschen: nachzusehen, wie sich ein Ganzes in die Teile gliedert.

Und das ist dasjenige, was auch beim Rechenunterricht berücksichtigt werden muss. Dass das auf die ganze Kultur einen Einfluss hat, das können Sie aus folgendem Beispiel ersehen.

Bis in das 13., 14. Jahrhundert herein legte man gar keinen Wert darauf, im menschlichen Denken ein Ganzes aus den Teilen zusammenzusetzen. Das kam erst später auf. Der Baumeister baute aus der Idee des Ganzen heraus, und er gliederte das Ganze in die Teile, viel mehr als dass er aus Teilen ein Gebäude zusammengesetzt hätte. Aus Teilen etwas zusammensetzen, das kam erst später in die Menschheitszivilisation hinein.

Und das hat dann dazu geführt, dass die Menschen überhaupt angefangen haben, sich alles aus kleinsten Teilen zusammengesetzt zu denken. Daraus kam die atomistische Theorie in der Physik. Die kommt aus der Erziehung. Unsere hohen Gelehrten würden gar nicht von diesen winzig kleinen Karikaturen von Dämonen sprechen – denn es sind Karikaturen von Dämonen! – von diesen winzig kleinen Karikaturen von Dämonen, von den Atomen sprechen, wenn sie sich nicht in der Erziehung daran gewöhnt hätten, alles aus den Teilen zusammenzusetzen. So ist der Atomismus gekommen.

Wir kritisieren heute den Atomismus, aber die Kritiken sind überflüssig, wenn die Menschen nicht loskommen von dem verkehrten Denken, das sie sich seit vier bis fünf Jahrhunderten angewöhnt haben – von den Teilen aus das Ganze zu denken, statt von dem Ganzen in die Teile hinein zu denken.

Das ist etwas, was man sich besonders beim Rechenunterricht sagen soll. Wenn Sie von ferne hingehen, haben Sie zuerst den Wald, und dann haben Sie die Bäume. Dann erst gliedern Sie den Wald in die einzelnen Bäume, wenn Sie nahe kommen. Und so müssen Sie auch beim Rechnen vorgehen.

Sie haben niemals in Ihrer Börse 1, 2, 3, 4, 5 Geldstücke, sondern Sie haben einen Haufen Geldstücke. Sie haben die 5 Stücke zusammen, das ist ein Ganzes. Das haben Sie zuerst. Sie haben auch gar nicht, wenn Sie sich eine Erbsensuppe kochen, 1, 2, 3, 4, 5 bis 30, 40 Erbsen, sondern Sie haben einen Haufen Erbsen. Sie haben auch nicht, wenn Sie ein Körbchen Äpfel haben, 1, 2, 3, 4, 5, 6, 7 und so weiter Äpfel, sondern einen Haufen Äpfel in Ihrem Körbchen. Sie haben ein Ganzes.

Was geht es uns zunächst an, wie viele Äpfel wir haben – wir haben einen Haufen Äpfel (s. Zeichnung S. 117, Mitte oben: rote Kreise). Jetzt kommen wir mit diesem Haufen Äpfel nach Hause. Drei Kinder sind da. Wir wollen nicht davon ausgehen, die Teilung so vorzunehmen, dass jedes Kind das Gleiche bekommt. Vielleicht ist das eine Kind klein, das andere groß. Wir greifen in den Korb hinein, geben dem größeren Kind einen größeren Haufen, dem kleineren Kind einen kleineren Haufen, dem kleinsten Kind einen noch kleineren Haufen (die roten Äpfel werden mit Halbkreisen in kleine Haufen geteilt). Wir gliedern in drei Teile den Haufen Äpfel, den wir haben.

Beim Teilen ist es eine merkwürdige Geschichte! Da hatte einmal eine Mutter ein großes Stück Brot und sagte zu dem einen Kind, das Heinrich hieß: Du musst jetzt teilen, aber christlich teilen. Da sagte der Heinrich: Was heißt denn das, christlich teilen? Die Mutter sagte, da musst du das Brot in ein kleineres und ein größeres Stück schneiden, das größere gibst du deiner Schwester Anna, und du behältst das kleinere. Darauf sagte der Heinrich: Dann soll die Anna christlich teilen!

Da muss man noch andere Begriffe zu Hilfe nehmen. Wir machen das so, dass wir dem einen Kind diesen Haufen geben (siehe Abgrenzung bei der Zeichnung), dem zweiten Kind diesen Haufen, und dem dritten Kind diesen Haufen. Das Zählen hat das Kind schon gelernt. Damit wir es ordentlich überschauen können, zählen wir zunächst den ganzen Klumpen, denn zählen kann das Kind schon. Es sind 18 Äpfel (links ganz oben).

Jetzt habe ich es zu teilen. Wie viel hat das erste Kind? Fünf. Wie viel hat das zweite Kind? Fünf. Wie viel hat das dritte Kind? Acht. So bin ich vom Ganzen ausgegangen, vom ganzen Klumpen Äpfel und habe diesen Klumpen in drei Teile aufgeteilt.

Oft macht man es im Unterricht so, dass man sagt: Du hast 5 und noch einmal 5 und 8; die zählst du zusammen, dann gibt das 18. Da gehen Sie vom Einzelnen aus und kommen zum Ganzen. Aber das gibt dem Kind tote Begriffe, keine lebendigen Begriffe. Gehen Sie vom Ganzen aus, von den 18, teilen Sie es auf in die Summanden. Sie bekommen so die Addition, das gibt dem Kind lebendige Begriffe.

Sie unterrichten nicht so, dass Sie von dem einzelnen Addenden oder Summanden ausgehen, sondern Sie gehen von der Summe aus. Die ist das Ganze, und Sie gliedern sie in die einzelnen Addenden.

Dann können Sie dazu kommen zu sagen: Aber ich kann jetzt auch anders teilen. Ich kann so teilen – ich werde wieder zählen, dann habe ich hier wieder 18, und hier habe ich andere Addenden. Das Ganze bleibt immer gleich.

Dadurch, dass Sie die Addition nicht so nehmen, wie man sie sehr häufig nimmt – dass man zuerst die Addenden nimmt und dann die Summe –, sondern zuerst die Summe geben und dann die Addenden, kommen Sie zu ganz lebendigen, beweglichen Begriffen. Sie kommen auch darauf, dass es bei dem, wo es nur auf die Zahl ankommt, das Ganze etwas Gleichbleibendes ist, die einzelnen Summanden, die Addenden, können sich ändern. Dieses Eigentümliche der Zahl, dass man in verschiedener Art gruppiert, dass man sich die Addenden in verschiedener Art denken kann, das kommt dabei sehr schön heraus.

Dann können Sie dazu übergehen zu sagen: Wenn aber etwas nicht nur eine Zahl ist, sondern die Zahl in sich hat, wie der Mensch, dann kann man nicht in verschiedener Weise teilen. So zum Beispiel, wenn Sie den menschlichen Rumpf nehmen und dasjenige, was daran hängt, der Kopf, beide Arme und Hände, beide Füße, da können Sie nicht in beliebiger Weise das Ganze teilen, da können Sie nicht sagen: Ich schneide den einen Fuß so heraus, die Hand so heraus und so weiter, sondern das ist von der Natur in bestimmter Weise gegliedert. Wo es bloß auf die Zahl ankommt, da wird nicht von der Natur aus gegliedert, da kann ich in verschiedener Weise teilen.

Das ist das, wodurch Sie überhaupt die Möglichkeit bekommen, Leben, lebendiges Fließen in den Unterricht hineinzubekommen. Alle Pedanterie fällt heraus aus dem Unterricht, und Sie werden sehen, es kommt etwas in den Unterricht hinein, was dem Kind außerordentlich gut tut. Es kommt in gesundem Sinne, nicht in kindischem Sinne, Humor in den Unterricht hinein. Und Humor muss in den Unterricht hineinkommen. (Dem Übersetzer:) Übersetzen Sie gut das Wort «Humor», das wird immer im Englischen missverstanden!

So müssen Sie überhaupt im Unterricht vorgehen: überall von dem Ganzen ausgehen. Nehmen Sie einmal an, Sie wollen, ganz aus dem Leben heraus, Folgendes machen. Die Mutter hat das Mariechen geschickt, Äpfel zu holen. Das Mariechen hat 25 Äpfel bekommen, das hat die Kaufmannsfrau auf einen Zettel aufgeschrieben. Das Mariechen kommt nach Hause und bringt nur 10 Äpfel. Diese Tatsache liegt vor, die ist aus dem Leben: Das Mariechen hat 25 Äpfel bekommen und hat nur 10 nach Hause gebracht. Das Mariechen ist ein ehrliches Mariechen, hat wirklich keinen einzigen Apfel auf dem Weg aufgegessen, hat aber nur 10 Äpfel nach Hause gebracht.

Jetzt kommt jemand nachgelaufen, der wieder ehrlich ist, und der bringt all die Äpfel nach, die das Mariechen auf dem Weg verloren hat. Jetzt wird die Frage entstehen: Wie viele bringt der nach? Man sieht ihn erst von ferne. Es sind nur 10 Äpfel da, jetzt will man vorher wissen, wie viele er nachbringt. Das Mariechen ist gekommen, 10 Äpfel hat es gebracht, 25 hatte es bekommen, das sieht man auf dem

Zettel, auf dem die Frau es aufgeschrieben hat. Und jetzt möchte man wissen, wie viele der da bringen muss, von dem man noch nicht recht weiß, ob er ehrlich ist oder nicht ehrlich ist. Nun, das, was es gebracht hat, das Mariechen, waren 10 Äpfel; das, was es bekommen hatte, waren 25 Äpfel. Es hat 15 Äpfel verloren! (s. Tafel S. 117, Mitte: «25 Minuend», «Subtr[ahend] 15», «Rest 10»).

Sehen Sie, jetzt haben Sie die Rechnung gemacht. Gewöhnlich macht man es so: Etwas ist gegeben, man soll etwas abziehen, und dann bleibt etwas übrig. Aber im Leben – Sie werden sich davon überzeugen können –, im Leben kommt es viel häufiger und richtiger vor, dass man das weiß, was man ursprünglich bekommen hat, und das weiß, was übrig geblieben ist, und das aufsuchen muss, was verloren gegangen ist. Man soll also die Subtraktion, damit man lebendig die Sache treibt, so machen, dass man vom Minuenden (dem Ganzen) und vom Rest ausgeht, und den Subtrahenden (das Abzuziehende) sucht – und nicht vom Minuenden und Subtrahenden ausgeht und den Rest sucht – das ist tot. Lebendig ist, vom Minuenden und vom Rest auszugehen und den Subtrahenden zu suchen. Dadurch bekommen Sie Lebendigkeit in den Unterricht hinein.

Sie werden schon sehen, wenn Sie die Sache von der Mutter und dem Mariechen ins Auge fassen und den, der den Subtrahenden bringt: Das Mariechen hat vom Minuenden den Subtrahenden verloren, und das will man so rechtfertigen, dass man von dem, der da nachkommt, den man herankommen sieht, dass man von dem wissen will, wie viel er bringen muss. Da kommt in die ganze Subtraktion Leben, wirkliches Leben hinein. Wenn man sagt: So viel bleibt übrig – das bringt nur Totes in die Seele des Kindes hinein. Sie müssen immer darauf bedacht sein, überall das Lebendige, nicht das Tote in das Kind hineinzubringen.

Und so können Sie dann weitergehen. Sie können die Multiplikation so treiben, dass Sie sagen: Das Ganze, das Produkt ist vorhanden. Wie kann man finden, wie oft, wievielmal irgendetwas in diesem Produkt drinsteckt? Da kommen Sie auf das Lebendige. Denken Sie einmal, wie tot es ist, wenn Sie sagen: Ich teile mir diese ganze Gruppe von Menschen, das sind drei, das sind noch einmal drei und so weiter, und ich frage jetzt: wievielmal drei sind da? Das ist tot, da ist kein Leben drinnen.

Wenn ich umgekehrt vorgehe, das Ganze nehme und frage, wie oft etwas drinsteckt, wie oft irgendeine Gruppe drinsteckt, dann bringe ich Leben hinein. Ich kann den Kindern sagen: Seht, ihr seid hier in der Klasse eine gewisse Zahl. Zählen wir ab: Ihr seid 45 Kinder. Jetzt suche ich mir 5 heraus, 1, 2, 3, 4, 5 Kinder: Die stelle ich da her. Dann lasse ich abzählen, wievielmal sind diese 5 da drinnen in diesen 45. Da gehe ich wieder auf das Ganze, nicht in den Teil: Wievielmal sind diese 5 da im Ganzen drinnen? Wie viele solcher 5er-Gruppen kann ich noch machen? Da komme ich darauf, es sind noch 8 der 5er-Gruppen da drinnen.

Also ich mache die Sache umgekehrt, gehe vom Ganzen aus, vom Produkt, und suche, wie oft ein Faktor da drinsteckt. Dadurch belebe ich mir die Rechnungsarten und gehe vor allen Dingen vom Anschaulichen aus. Und darauf kommt es an, dass wir das Denken nie von dem Anschaulichen loslösen, sonst kommt an das Kind der Intellektualismus, die Abstraktion früh heran und wir verderben das ganze Kind. Wir machen es trocken, und außerdem züchten wir in ihm – wir werden noch von der geistigen, seelischen und physischen Erziehung sprechen – wir züchten in ihm die Austrocknung auch des physischen Leibes, die Sklerose.

Wiederum hängt viel davon ab, dass wir so rechnen lehren, wie es hier beschrieben worden ist, damit der Mensch im Alter noch beweglich ist, noch geschickt ist. Wenn Sie am menschlichen Körper – ich spreche es bildlich aus, aber es ist eine Realität, meine lieben Freunde, ich spreche nur bildlich aus, was eine Realität ist –, wenn Sie am menschlichen Körper so zählen lehren, wie ich es beschrieben habe, 1, 2, 3, 4, 5, 6, 7, 8, 9, 10 mit den Fingern und dann weiter mit den Zehen – ja, es wäre schon ganz gut, wenn man die Kinder gewöhnen würde, bis 20 wirklich mit Fingern und Zehen zu zählen, nicht mit der Rechenmaschine! –, wenn Sie das die Kinder lehren, dann werden Sie sehen: Durch dieses kindliche Meditieren – denn, wenn man an den Fingern zählt, ist es ein Meditieren über den eigenen Körper, und zwar ein gesundes Meditieren, und wenn man mit den Zehen zählt, so muss man auch an die Zehen denken –, durch dieses kindliche Meditieren bringt man Leben in den Körper hinein. Man ist dann im Alter mit den Gliedern noch geschickt. Man behauptet sich, weil man vom ganzen Organismus das Zählen gelernt hat. Wenn man nur mit dem Kopf denkt, wenn man nicht mit den Gliedern, nicht mit dem übrigen Organismus denkt, dann kann man sich später auch nicht behaupten und man kriegt die Gicht. (Es wird übersetzt).

III.

Meine lieben Freunde! Wie man aus dem Anschaulichen heraus – nicht aus dem, was man heute oft «Anschauungsunterricht» nennt – alles in Erziehung und Unterricht besorgen muss, das möchte ich Ihnen an einem bestimmten Fall zeigen, der ein Fall ist, der im Unterricht eine ganz besondere Rolle spielt. Es ist der Fall des pythagoreischen Lehrsatzes, den Sie alle kennen, wenn Sie unterrichten, den Sie vielleicht schon in einer ähnlichen Weise angeschaut haben, aber wir wollen ihn heute besprechen.

Sehen Sie, der pythagoreische Lehrsatz bedeutet etwas, was man sich im Unterricht als ein Ziel für die Geometrie stellen kann. Man kann die Geometrie so aufbauen, dass man sagt: Ich will alles so gestalten, dass die Sache zielt, gipfelt in dem pythagoreischen Lehrsatz – dass das Quadrat der Hypotenuse eines rechtwinkligen Dreiecks gleich ist der Summe der beiden Kathetenquadrate. Es ist etwas ganz Grandioses, wenn man das so recht ins Auge fasst.

Ich hatte einmal einer Dame, die damals schon älter war, weil sie das so liebte, Geometrie beibringen sollen. Sie hatte nicht viel – ich weiß nicht, ob sie wieder alles vergessen hatte, aber vermutlich hatte sie nicht viel gelernt gehabt in den Mädchenerziehungsinstituten, in denen man so als Mädchen erzogen wird. Sie hatte nichts gewusst von der Geometrie. Ich fing an und ließ das Ganze in dem pythagoreischen Lehrsatz gipfeln.

Es hatte aber der pythagoreische Lehrsatz für die Dame etwas außerordentlich Frappierendes. Man ist an dieses Frappierende nur gewöhnt. Aber, nicht wahr, man soll einfach das verstehen, dass, wenn ich hier ein rechtwinkliges Dreieck habe (s. Zeichnung I; die Tafelzeichnungen I, II und III sind nicht erhalten), diese Fläche, die als Quadrat über der Hypotenuse errichtet wird (1), dass die gleich ist der Summe dieser beiden Flächen, dieser beiden Quadratflächen über den Katheten, dass also diese Fläche gleich ist diesen zwei Flächen zusammen (2+3).

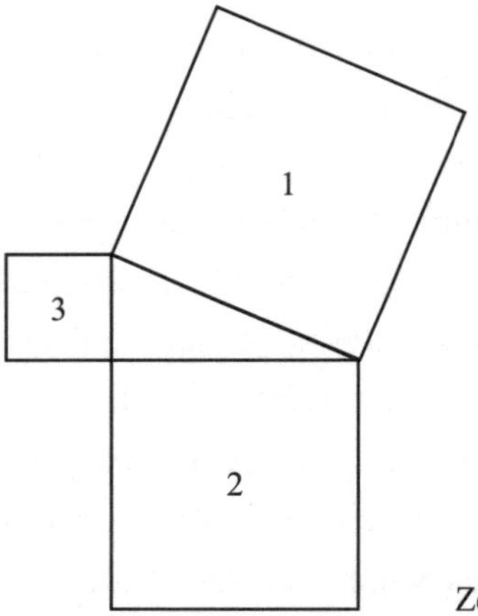

Zeichnung I

Wenn ich Kartoffeln pflanze, und ich die Kartoffeln in den gleichen Entfernungen überall anordne, wenn ich dieses Feld (2) und dieses Feld (3) zusammen mit Kartoffeln bepflanze, genau so viele Kartoffeln pflanzen werde wie hier (1), genau so viele auf diesem Feld Kartoffeln anpflanzen werde. Das ist etwas Frappierendes, etwas ganz Frappierendes, und wenn man es nur so ansieht, kann man es nicht eigentlich durchschauen.

Und gerade das, dass man es nicht durchschauen kann, dass es etwas so Wunderbares ist, sollte man zum inneren

Beleben des Seelischen im Unterrichten benutzen. Man sollte darauf bauen, dass man da etwas nicht so furchtbar Durchsichtiges hat, dass man beim pythagoreischen Lehrsatz immer wieder zugeben muss, dass man an ihn glauben kann, aber den Glauben immer gleich wieder verlieren muss. Man muss immer wieder von Neuem daran glauben, dass dieses Quadrat (1) gleich ist der Summe dieser beiden Quadrate (2+3).

Da handelt es sich darum, dass man einen Beweis findet, und der Beweis soll ganz anschaulich geliefert werden. Er ist leicht zu liefern, solange das Dreieck gleichschenklig ist. Wenn Sie ein gleichschenkliges Dreieck haben, so ist das Quadrat über der Hypotenuse so zu machen, dass Sie hier diese Figur bekommen (s. Zeichnung II, 1). Dieses hier ist die eine Kathete (a), dies ist die andere Kathete (b), das ist die Hypotenuse (c). Das, was ich jetzt orange male, ist das Quadrat über der Hypotenuse (1+2+3+4). Das, was ich zweimal blau male, sind die Quadrate über den beiden Katheten (2+5 und 4+6).

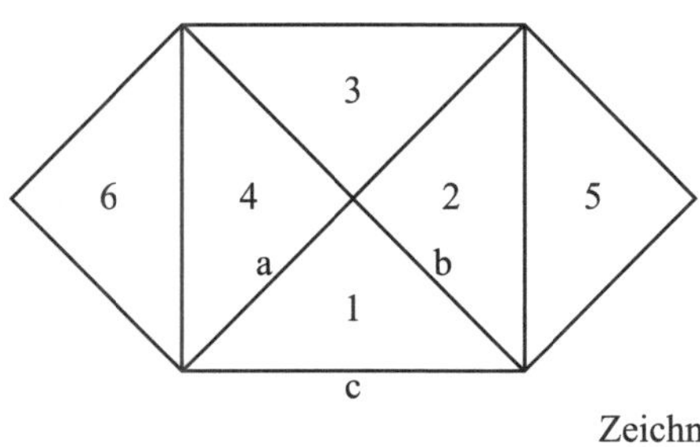

Zeichnung II

Da ist es wiederum so: Wenn ich in der richtigen Weise hier über diesen beiden Feldern, über den blauen Feldern (2+5 und 4+6), Kartoffeln pflanze, bekomme ich gleich viel, wie wenn ich in dem orangenen Feld (1+2+3+4) Kartoffeln pflanze. Das orangene Feld ist das Quadrat über der Hypotenuse, die beiden blauen Felder sind die beiden Quadrate über den beiden Katheten.

Sie können den Beweis einfach liefern, indem Sie sagen: Die zwei Stücke (2 und 4) von den beiden blauen Quadraten, die fallen da ins Hypotenusenquadrat herein, sie sind schon drinnen. Das hier (5) können Sie hier heraufsetzen (3). Wenn Sie sich das Ganze ausschneiden, können Sie das Stück hier da drauf legen (5 über 3) und das Stück hier da drauf legen (6 über 1), und sie haben es gleich. Also, da ist die Sache ganz durchsichtig, wenn man ein rechtwinkliges gleichschenkliges Dreieck hat.

Aber jetzt hat man nicht ein rechtwinkliges gleichschenkliges Dreieck, sondern eines mit verschiedenen Seiten (wie Zeichnung I). Also, man hat das Dreieck; jetzt hat man die Quadrate über den beiden Katheten. Und jetzt soll man beweisen, dass diese beiden zusammen so groß sind wie das Quadrat der Hypotenuse, was ich hier aufgezeichnet habe. Da kann man das Folgende machen.

Zeichnen Sie sich das Dreieck noch einmal heraus (s. Zeichnung III, ABC). Zeichnen Sie jetzt das Quadrat über der Hypotenuse (ABDE). Jetzt können Sie in folgender Weise zeichnen: Sie können das Dreieck ABC, das Sie hier haben, hier daran zeichnen (BDF). Dann können Sie das Dreieck ABC oder BDF, was ja dasselbe ist, noch einmal

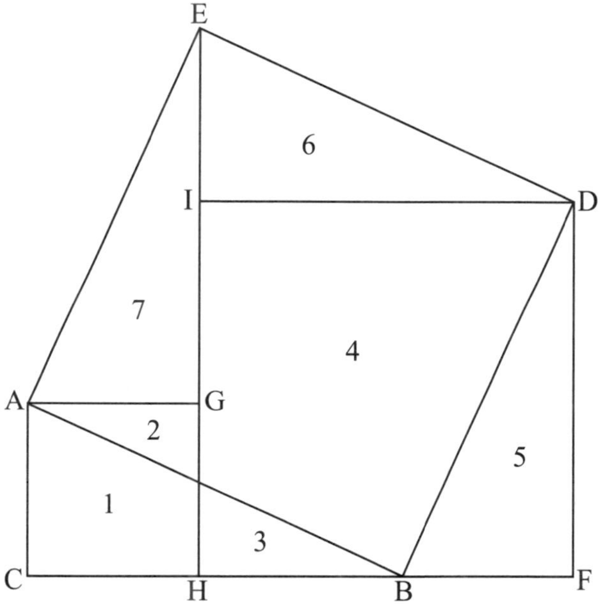

Zeichnung III

hierher zeichnen (AEG). Dadurch, dass Sie dieses Dreieck hier noch einmal haben, können Sie sich das Quadrat über dieser einen Kathete (AC) so herzeichnen (rot). Jetzt ist das, was ich rot gezeichnet habe, das Quadrat (ACHG) über der einen Kathete (AC).

Ich kann jetzt, wie Sie sehen, das Dreieck auch hierher zeichnen (DEI). Hier habe ich es auch. Dann habe ich in dem, was ich hier jetzt grün zeichne, das Quadrat (DIHF) über der anderen Kathete (CB). Dann habe ich da zwei: das Quadrat über der einen Kathete und das Quadrat über der anderen Kathete. Ich benutze nur bei dem einen diese Kathete (AC), bei dem anderen diese Kathete (DI). Die

Dreiecke sind da (AEG) und da (DEI) gleich. Wo habe ich das Quadrat über der Hypotenuse? Das will ich violett hineinzeichnen, damit wir es gut unterscheiden können (ABDE). Das Quadrat über der Hypotenuse habe ich hier violett schraffiert.

Jetzt soll ich an der Figur selbst zeigen, dass rot (1+2) und grün (3+4+5) zusammen violett (2+4+6+7) gibt. Sie werden leicht sehen: Ich nehme dieses Rote hier (1+2) zuerst; was die beiden Quadrate ganz gemeinschaftlich haben (2), das fällt übereinander. Wie Sie sehen, violett und rot deckt sich hier zu, das haben sie gemeinschaftlich. Jetzt kommt da noch das Stück (4) vom grünen Quadrat herein. So habe ich also diese Figur (2+4), die Sie da gezeichnet sehen, und die nichts anderes ist als ein Stück von dem violetten Quadrat (ABDE), richtig ein Stück von dem violetten Quadrat. Dieses Stück von dem violetten Quadrat enthält dieses Stück (2) von dem roten Quadrat. Es bleibt nur noch der Zipfel (1) hier übrig, den enthält es noch nicht. Aber außerdem enthält diese Figur dieses Teil (4) von dem grünen Quadrat. Jetzt muss ich nur noch darauf kommen, das unterzubringen, was mir da übrig geblieben ist (1,3,5).

Jetzt müssen Sie sehen: Das ist Ihnen noch übrig geblieben (1) und das noch (3): da ist Ihnen ein Stückchen vom Roten (1), da ein Stückchen vom Grünen (3) übrig geblieben. Und da ist Ihnen dieses ganze Dreieck (5) übrig geblieben, das zum grünen Quadrat gehört. Jetzt nehmen Sie das, was Sie hier haben (5), was Ihnen noch übrig geblieben ist, das nehmen Sie und setzen es da (6) hin. Und das, was Ihnen hier noch übrig geblieben ist (1+3), nehmen Sie und setzen es da (7) hin. Jetzt haben Sie auch noch diese zwei Zipfel da reingetan. Wenn Sie das ausschneiden, kommen Sie darauf, dass diese beiden Flächen (1+3) in diese Fläche (7) hineingefallen sind.

Es kann natürlich noch deutlicher gezeichnet werden, aber ich denke, Sie werden die Sache durchschauen. Es handelt sich jetzt nur noch darum, dass es sich durch die Sprache noch näher mitteilt. Auf diese Weise haben Sie einfach durch die übereinanderliegenden Flächen gezeigt, dass der pythagoreische Lehrsatz richtig ist. Wenn Sie gerade diese Art des Übereinanderlegens nehmen, so werden Sie etwas finden. Sie werden finden, wenn Sie die Sache ausschneiden, statt dass Sie es aufzeichnen, dass sie sehr leicht überschaubar ist. Trotzdem, wenn Sie später darüber nachdenken, wird es Ihnen wieder entfallen. Sie müssen es immer wieder von Neuem suchen. Sie können es sich nicht ganz gut im Gedächtnis merken, daher muss man es immer wieder von Neuem suchen. Und das ist gut, das ist ganz gut.

Das entspricht dem pythagoreischen Lehrsatz: Man soll immer wieder von Neuem darauf kommen. Dass man ihn «einsieht», das soll man immer wieder vergessen. Das entspricht beim pythagoreischen Lehrsatz dem Frappierenden, das er hat. Dadurch bekommen Sie das Lebendige in die Sache hinein. Sie werden schon sehen, wenn Sie dieses von den Schülern wieder und wieder machen lassen, die müssen darum herumdrucksen. Sie kommen nicht gleich wieder darauf, sie müssen jedes Mal nachdenken. Das entspricht aber dem Innerlich-Lebendigen des pythagoreischen Lehrsatzes. Es ist gar nicht gut, wenn man den pythagoreischen

Lehrsatz so beweist, dass er theoretisch philiströs einzusehen ist. Es ist viel besser, dass man ihn immer wieder vergisst, immer wieder von Neuem suchen muss. Das entspricht dem Frappierenden, dass es doch etwas Sonderbares ist, dass das Hypotenusenquadrat gleich ist dem Quadrat der beiden Katheten.

Sie können ganz gut mit elf- oder zwölfjährigen Kindern die Geometrie so weit bringen, dass sie in einem solchen Flächenvergleich den pythagoreischen Lehrsatz erklären, und die Kinder werden eine ungeheure Freude haben, wenn sie das eingesehen haben. Und sie bekommen Eifer: Das hat sie gefreut, jetzt wollen sie es immer wieder machen, besonders, wenn man sie es ausschneiden lässt.

Es wird nur ein paar intellektualistische Taugenichtse geben, die sich das gut merken, die es immer wieder zustande bringen. Die meisten Kinder werden sich immer wieder verschneiden und darum herumdrucksen, bis sie herausbekommen, wie es sein muss. Das entspricht aber dem Wunderbaren des pythagoreischen Lehrsatzes, und man soll nicht aus diesem Wunderbaren herauskommen, sondern da drinnen stehenbleiben.

Sechster Vortrag

Neuschöpfung des Menschenkörpers

Musikinstrument für Sprache und Eurythmie

Torquay, 18. August 1924

Meine lieben Freunde!

Wir wollen im Anschluss an die gemachten Ausführungen noch einiges besprechen, was auf die Methode Bezug nimmt. Und da möchte ich gerade mit Bezug auf die nächsten Kapitel über die Methode bemerken, dass man natürlich hier in den wenigen Vorträgen, die gehalten werden können, nicht so vorgehen kann, dass einzelne pädagogische Winke, die ich gegeben habe, weiter ausgeführt werden, sondern wir können nur Prinzipielles erörtern. Sie werden dann auch die Seminarkurse der Waldorfschule studieren und verstehen können, wenn Sie diese Winke hier empfangen.

Wir müssen das Kind zwischen dem Zahnwechsel und der Geschlechtsreife recht ins Auge fassen. Wir müssen uns klar sein darüber, dass in den Jahren vor dem Zahnwechsel die vererbten Merkmale in dem Kind das Maßgebende sind. Das Kind erhält von Vater und Mutter einen Modellkörper, der während der ersten siebenjährigen Lebensepoche durch einen neuen Körper ersetzt und bis zum Zahnwechsel vollständig abgeworfen wird. Der Zahnwechsel ist nur der äußere Ausdruck dieses Ersatzes durch einen neuen Körper, an dem das Seelisch-Geistige arbeitet.

Ich habe Ihnen gesagt: Ist das Seelisch-Geistige stark, dann wird sich das Kind während der Schulperiode – vom Zahnwechsel bis zur Geschlechtsreife – sehr ändern gegenüber den Eigenschaften, die es vorher gehabt hat. Ist die Individualität schwach, so wird etwas zustande kommen, was den Vererbungsmerkmalen sehr ähnlich ist – und wir werden auch bei dem volksschulmäßigen Kind noch auf tiefgehende Ähnlichkeiten mit den Eltern oder Voreltern hinzusehen haben.

Wir müssen uns darüber klar sein, dass mit dem Zahnwechsel erst die selbstständige Tätigkeit des Ätherleibes des Menschen beginnt. Der Ätherleib tut in den ersten sieben Lebensjahren all das, was er an selbstständiger Betätigung aufbringen kann, um den zweiten physischen Körper zu bilden, sodass dieser Ätherleib in den ersten sieben Lebensjahren ein ausgesprochener innerer Künstler im Kind ist, ein Plastiker, ein Bildhauer. Diese bildhauerische Kraft, die da vom Ätherleib auf den physischen Leib angewendet wird, die wird frei, die emanzipiert sich mit dem siebten Lebensjahr, mit dem Zahnwechsel. Sie kann sich dann seelisch betätigen.

Daher hat das Kind den Drang, Formen plastisch zu bilden, oder auch malerisch zu bilden. Der Ätherleib hat die sieben ersten Lebensjahre an dem physischen Leib plastiziert und gemalt; jetzt will er es, da er an dem physischen Leib nichts oder nicht mehr so viel zu tun hat, jetzt will er es draußen ausführen. Wenn Sie daher als Lehrer selbst gut kennen, welche Formen am menschlichen Organismus vorkommen und daher wissen, was das Kind aus plastischen Stoffen heraus gern formt oder was es mit Farben gern hinmalt, dann werden Sie dem Kind eine gute Anleitung geben können. Aber Sie müssen selbst eine künstlerische Anschauung vom menschlichen Organismus haben.

Daher ist es wichtig für den Lehrer, weil die heutige Seminarbildung dafür gar nichts tut, dass er versucht, sich selbst plastisch zu betätigen. Sie werden sehen: Wenn Sie noch so viel gelernt haben über die Lunge, über die Leber, oder über irgendwelche verwickelten Zusammenhänge von Gefäßen, wissen Sie nicht so viel, wie wenn Sie das Ganze einmal in Wachs oder in Plastilin nachbilden. Da fangen Sie plötzlich an, ganz anderes über die Sache zu wissen – sagen wir zum Beispiel über die Lunge.

Nicht wahr, Sie müssen die eine Hälfte der Lunge anders bilden als die andere. Sie ist nicht symmetrisch. Die eine Hälfte hat deutlich zwei, die andere drei Abschnitte. Wenn Sie das lernen, vergessen Sie immer wieder, was links und was rechts ist. Wenn Sie aber diese merkwürdigen asymmetrischen Formen in Wachs oder Plastilin herausbilden, dann bekommen Sie das Gefühl: Sie können nicht das Linke rechts und das Rechte links umstellen, geradeso wenig, wie Sie das Herz auf der rechten Seite machen können. Sie bekommen auch das Gefühl: Das sitzt in seiner Form im Organismus drinnen. Sie bekommen das Gefühl, wenn Sie es richtig ausbilden, dass es gar nicht anders möglich ist, als dass die Lunge nach und nach in eine aufrechte Stellung geht, dass sie sich aufrichtet beim Gehen. Wenn Sie dann Lungenformen von Tieren bilden, so werden Sie sehen: Sie begreifen es an der Form, dass sie horizontal liegt, die Lunge. Und so bei den anderen Organen.

So müssen Sie versuchen, plastisch Anatomie zu treiben, um etwas, was dann gar nicht den menschlichen Körper nachahmt, sondern nur Formen hat, um das Kind das formen oder auch malen zu lassen. Und Sie werden sehen, das Kind hat den Drang, Formen zu machen, die an das Innere des menschlichen Organismus anknüpfen. Man bekommt da ganz merkwürdige Erfahrungen im Laufe des Unterrichts.

Wir haben, weil das für eine solche Methode wie die Waldorfschulmethode selbstverständlich ist, wir haben überall den Unterricht über Menschenerkenntnis angefügt, schon in der 4., 5., 6., 7. Klasse. Die Kinder malen bei uns schon von Anfang an. Von einem gewissen Lebensalter an bildhauern sie auch. Da ist es sehr interessant, wenn man die Kinder einfach darauflos arbeiten lässt, wenn man ihnen etwas vom Menschen erklärt hat, die Lunge oder so etwas, dann fangen sie an, solche Formen wie die Lunge aufzubauen, oder Formen, die dem ähnlich sind, und zwar ganz von selbst. Da ist es sehr interessant zu sehen, wie das Kind aus seiner eigenen Menschenwesenheit heraus formt.

Deshalb ist es so notwendig, dass Sie sich auf diese plastische Methode einlassen, sich Mittel suchen, wodurch Sie in die Lage kommen, die Formen der menschlichen Organe nachzubilden, mit Wachs, Plastilin oder meinetwillen, wie es oft auch unsere Kinder machen, mit Straßenschmutz. Wenn man kein anderes Material hat, ist das ein sehr gutes Material.

Das ist der innere Drang, die innere Sehnsucht des Ätherleibes: plastisch-malerisch tätig zu sein. Daher kann man sehr leicht an diesen Drang, an diese Sehnsucht anknüpfen und die Buchstaben aus den Formen hervorholen, die das Kind malt, oder auch aus den Formen, die das Kind plastisch ausbildet, weil man den Unterricht aus der Menschenerkenntnis heraus gestaltet. Das muss auf jeder Stufe geschehen.

Und weiter: Der Mensch besteht nicht nur aus seinem physischen Leib und seinem Ätherleib, der dann mit dem 7. Jahr sich emanzipiert und frei wird, sondern auch noch aus dem astralischen Leib und dem Ich.

Was ist mit dem astralischen Leib bei dem Kind zwischen dem 7. und 14. Lebensjahr? Der kommt zur vollen Tätigkeit erst mit der Geschlechtsreife, da erst wirkt er ganz im menschlichen Organismus drinnen. Aber während der ätherische Leib zwischen der Geburt und dem Zahnwechsel aus dem physischen Leib herausgezogen und selbstständig wird, zieht der astralische Leib zwischen dem 7. und 14. Jahr nach. Und wenn er ganz nachgezogen ist, wenn der astralische Leib ganz innig den physischen und Ätherleib durchdringt – nicht mehr bloß lose mit ihnen verbunden ist –, dann ist der Mensch auf dem Lebenspunkt der Geschlechtsreife angelangt.

Beim Knaben sieht man an der Verwandlung der Stimme, dass der astralische Leib jetzt ganz im Kehlkopf drinnen ist, bei der Frau an der Ausbildung anderer Organe, der Brustorgane und so weiter, dass der astralische Leib jetzt ganz eingezogen ist. Der astralische Leib zieht langsam von allen Seiten in den menschlichen Leib hinein.

Die Linien und die Richtungen, die er verfolgt, das sind die Nervenstränge. Von außen nach innen zieht der Astralleib den Nervensträngen entlang ein. Er fängt an von der

Umhüllung, von der Haut, um sich dann allmählich innerlich zusammenzuziehen, den ganzen Körper auszufüllen. Vorher ist er eine lose Wolke, in der das Kind lebt. Dann zieht er sich zusammen, ergreift innerlich alle Organe, verbindet sich, wenn wir grob sprechen, chemisch mit dem Organismus, mit dem physischen und ätherischen Gewebe.

Aber dabei ist etwas Besonderes der Fall. Wenn der astralische Leib von der Körperperipherie nach innen vordringt, dann dringt er den Nerven entlang vor, die sich dann im Rückgrat vereinigen. Da oben ist der Kopf (s. Zeichnung S. 118, links oben). Langsam dringt der Astralleib auch durch die Kopfnerven vor. Er krabbelt da an den Nerven gegen die Zentralorgane, gegen das Rückenmark, gegen den Kopf hin, kommt nach und nach da hinein und füllt alles aus.

Was da besonders in Betracht kommt, das ist die Art, wie die Atmung mit dem ganzen Nervensystem zusammenwirkt. Dieses Zusammenwirken der Atmung mit dem ganzen Nervensystem, das ist etwas ganz Besonderes im menschlichen Organismus. Dafür sollte man als Lehrer, als Erzieher das allerfeinste Gefühl haben. Nur dann, wenn man dieses feine Gefühl hat, wird man richtig unterrichten können. Es geht da die Atemluft in den Körper hinein, breitet sich aus, geht durch den Rückenmarkskanal hinauf (s. Zeichnung, weiß), breitet sich im Gehirn aus, kommt da immer mit den Nervensträngen zusammen, geht dann wieder herunter und verfolgt Wege, wodurch sie als Kohlensäure ausgestoßen wird.

Das Nervensystem wird fortwährend bearbeitet von der eingeatmeten Luft, die sich ausbreitet. Die Luft geht durch den Rückenmarkskanal hinauf, breitet sich aus, durchdringt sich mit Kohlenstoff, geht wieder zurück und wird ausgeatmet. Dieses ganze Atmen, das längs der Nervenstränge geht, das wird vonseiten des astralischen Leibes erst im Lauf derjenigen Zeit in den physischen Leib ganz eingeschaltet, wo das Kind gerade schulpflichtig ist, zwischen dem Zahnwechsel und der Geschlechtsreife.

Der astralische Leib spielt in dieser Zeit, indem er sich nach und nach mithilfe der Atemluft hineinschaltet, er spielt auf dem, was da in der Mitte wie Saiten auf dem Rückenmarkskanal aufgespannt ist (weiße Linien rechts und links). Es ist wirklich wie eine Art von Leier, wie ein Musikinstrument. Unsere Nerven sind ein richtiges innerliches Musikinstrument, das da in den Kopf hinauftönt, ein innerliches Musikinstrument.

Und mit dem Zahnwechsel beginnt – es ist natürlich schon früher der Fall, aber da ist der Astralleib noch lose –, mit dem Zahnwechsel beginnt der astralische Leib sich deutlicher der Atemluft der einzelnen Nervenstränge wie der Saiten einer Violine zu bedienen.

Das alles aber wird gefördert, wenn Sie dem Kind das beibringen, was gesanglich ist. Sie müssen ein Gefühl dafür haben, dass das Kind ein Musikinstrument ist, indem es singt. Sie müssen vor der Klasse stehen, wo Sie Gesangsunterricht, Musikunterricht erteilen, mit dem deutlichen Gefühl: Jedes Kind ist ein Musikinstrument und fühlt innerlich das Wohlgefühl des Tönens.

Denn das Tönen wird durch diese besondere Zirkulation des Atems bewirkt. Das ist innerliche Musik. Und daher muss man sehen, während das Kind anfangs, in den ersten sieben Lebensjahren, alles durch Nachahmung nur lernt, muss man sehen, dass das Kind jetzt nach dem inneren Wohlgefühl, das es beim Melodienbilden, beim Rhythmenbilden bekommt, das Singen lernt. Sie müssen eine Vorstellung haben, wenn Sie vor der Klasse stehen und Gesangsunterricht erteilen, wofür ich einen Vergleich gebrauchen möchte, der etwas ins Grobe geht, der aber Ihnen das, was ich meine, deutlich machen wird.

Ich weiß nicht, wie viele von Ihnen, aber hoffentlich werden es die meisten sein, wie viele es schon dahin gebracht haben, sich einmal eine Kuhherde anzuschauen, wenn die Kuhherde gefressen hat und daliegt auf der Weide und verdaut. Solch ein Verdauen einer Kuhherde ist etwas ganz Wunderbares. Da ist in der Kuh etwas wie ein Abbild der ganzen Welt vorhanden. Die Kuh empfindet in ihrem Verdauungsapparat, in ihrem Ernährungsapparat, wenn da verdaut wird, wenn da die verarbeiteten Speisen in Blutgefäße, Lymphgefäße übergehen, wenn das alles vor sich geht, da empfindet die Kuh ein solches Wohlgefühl, das zu gleicher Zeit Erkenntnis ist. Jede Kuh hat beim Verdauen eine wunderbare Aura, in der sich die ganze Welt spiegelt. Es ist das Schönste, was man sehen kann, solch eine Kuhherde, auf der Wiese liegend, verdauend und im Verdauen die ganze Welt «begreifend». Bei uns als Menschen ist das alles ins Unterbewusste hinuntergerückt, damit der Kopf das spiegeln kann, was der Körper erkennend verarbeitet.

Wir sind als Menschen schlecht dran, weil der Kopf, dieses Organ, das ich Ihnen schon geschildert habe, es nicht dazu kommen lässt, die schönen Dinge zu erleben, die die

Kühe erleben. Wir würden viel mehr von der Welt wissen, wenn wir den Verdauungsvorgang erleben könnten. Wir müssten ihn dann natürlich mit dem Gefühl des Erkennens erleben, nicht mit dem Gefühl, das der Mensch hat, wenn er beim Verdauungsvorgang im Unterbewussten bleibt. Das soll uns nur klarmachen, was ich eigentlich sagen will: Ich will damit nicht sagen, man soll in der Pädagogik den Verdauungsvorgang ins Bewusstsein heraufbringen, aber ich will sagen, dass etwas auf einer höheren Stufe beim Kind vorhanden ist – dieses Wohlgefühl des inneren Verlaufes eines Tönens.

Denken Sie nur, wenn die Violine fühlen würde, was in ihr vorgeht! Wir hören der Violine nur zu, die ist draußen, wir sind fremd dem ganzen Entstehen des Tones, wir hören nur den äußeren Sinnesschein davon. Wenn die Violine empfinden könnte, wie jede Saite mit der anderen vibriert, die würde Seligkeiten erleben – vorausgesetzt, dass das Stück gut ist. So müssen Sie das Kind diese Seligkeiten erleben lassen, müssen ein Musikgefühl im ganzen Organismus hervorrufen, müssen selbst Freude daran haben. Dann werden auch die Kinder richtig Freude daran haben. Natürlich muss man etwas von Musik verstehen, aber zum Unterrichten gehört dieses künstlerische Element, das ich eben auseinandergesetzt habe.

Daher ist es notwendig, weil das der Verlauf der Vorgänge im Menschenwesen zwischen dem Zahnwechsel und der Geschlechtsreife erfordert, daher ist es notwendig, ganz von Anfang an mit den Kindern auch Musikunterricht zu treiben und möglichst das Kind daran gewöhnen, ganz empirisch, ohne Theorie, kleine Liedchen zu singen, nichts anderes als kleine Liedchen singen zu lassen, und die aber gut singen! Und nach und nach erst zum Einfacheren übergehen, damit das Kind erst nach und nach sich aneignet, was Melodie, was Rhythmus, was Takt ist und so weiter. Zunächst soll man aus dem Ganzen heraus die Kinder daran gewöhnen, einfache Liedchen zu singen, einfach zu spielen auch, so gut es geht.

Wenn nicht die Anlage ganz dagegen spricht, beginnen wir in der Waldorfschule sogleich, wenn die Kinder in die Schule kommen, sie auch auf irgendeinem Instrument spielen zu lassen, ein Instrument gleich handhaben zu lernen – wie gesagt, so gut es die Möglichkeiten gestatten. Aber man soll die Kinder veranlassen, möglichst früh zu fühlen, wie das ist, wenn das eigene musikalische Wesen in das objektive Instrument hinüberfließt – wobei das Klavier, das nur eine Art Memorierinstrument sein soll, für das Kind am schlechtesten anzuwenden ist. Man soll ein anderes Instrument mit dem Kind verwenden, womöglich ein Instrument, auf dem auch geblasen werden kann. Aber man muss dabei sehr viel künstlerischen Takt haben und sehr viel Autorität auch haben. Also womöglich solch ein Instrument, auf dem geblasen werden kann. Davon haben die Kinder am allermeisten, wenn sie irgendein Blasinstrument, ein einfaches Blasinstrument handhaben lernen und allmählich Musik verstehen lernen.

Natürlich kann man da die allerschlimmsten Erfahrungen machen, wenn die Kinder zu blasen anfangen. Aber es ist auf der anderen Seite etwas Wunderbares im Erleben des Kindes, wenn es die ganze Konfiguration der Luft, die es sonst umwebt, innerlich längs der Nervenstränge hält, jetzt fortsetzen und in das Instrument hineinleiten kann. Da fühlt der Mensch seinen Organismus vergrößert. Vorgänge, die sonst nur im Organismus drinnen sind, werden auf die Außenwelt übergeleitet. Ähnlich ist es auch, wenn das Kind Violine spielen lernt, wo der Klang der Musik, die da lebt, direkt übertragen wird, wo der Mensch fühlt, wie das Musikalische in ihm durch den Bogen auf die Saiten übergeht und so weiter.

Aber möglichst früh gerade diesen Unterricht im Musikalischen und im Gesanglichen bei den Kindern beginnen, das ist etwas, was von einer ganz besonderen Bedeutung ist, dass man nicht nur allen Unterricht artistisch erteilt, sondern dass man auch mit dem Artistischen – mit dem Malen, mit dem plastischen Arbeiten und mit dem Musikalischen – sogleich beginnt, wenn das Kind in die Volksschule kommt, und darauf sieht, dass das alles inneres menschliches Eigentum wird. (Es wird übersetzt).

II.

Meine lieben Freunde! Es ist von besonderer Wichtigkeit, dass wir den Punkt in der Lebensentwicklung des Kindes zwischen dem 9. und 10. Jahr, den ich schon hier besprochen habe, mit Bezug auf das Erlernen des Sprachlichen ins Auge fassen.

Ich habe Ihnen, meine lieben Freunde, diesen Punkt zwischen dem 9. und 10. Jahr charakterisiert, wo das Kind erst lernt, sich von seiner Umgebung zu unterscheiden. Bis dahin hat es sich mit seiner Umgebung zusammengebracht.

Wir werden sachgemäß mit dem Kind beginnen, wenn es in die Schule kommt. Es sollte nicht in die Schule kommen, bevor der Zahnwechsel beginnt. Alles frühere Lernen, schulmäßige Lernen ist Unfug. Wenn wir durch das Gesetz dazu gezwungen werden, müssen wir es tun, aber pädagogisch sachgemäß ist es nicht.

Pädagogisch sachgemäß ist es, das Kind erst mit dem Zahnwechsel in die Schule gehen zu lassen. Dann hat man es, wie ich angedeutet habe, mit dem Künstlerischen beginnend, damit zu tun, dass man die Buchstabenformen aus dem Künstlerischen herausarbeitet, dass man mit dem selbstständigen Künstlerischen beginnt, wie ich es heute auseinandergesetzt habe, dass man all das, was sich auf die Natur bezieht, in einer märchenhaften, legendenhaften, mythenhaften Art behandelt, wie ich es auch auseinandergesetzt habe.

Aber wichtig ist, auf diese Lebensepoche zwischen dem 9. und 10. Lebensjahr in Bezug auf den Sprachunterricht Rücksicht zu nehmen. Bevor dieser Lebenspunkt eingetreten ist, darf der Sprachunterricht unter keinen Umständen irgendetwas von intellektueller Betrachtung der Sprache enthalten, also nichts von Grammatik, nichts von Satzbau und dergleichen. Das Kind muss bis dahin, bis zu diesem Lebenspunkt im 9. oder 10. Lebensjahr, ganz so sprechen, wie es sonst irgendwelche Gewohnheiten sich aneignet. Gewohnheitsmäßig muss das Kind sich das Sprechen aneignen.

Erst wenn das Kind sich von der Umgebung unterscheiden lernt, sich selbst also unterscheiden lernt, darf auch das, was das Kind selbst vollbringt, also das Sprechen, betrachtet werden. Erst von da ab soll man von Hauptwort, Eigenschaftswort, Tätigkeitswort und so weiter sprechen, nicht früher. Früher soll das Kind einfach sprechen und im Sprechen erhalten werden. Wir haben insbesondere Gelegenheit, in der Waldorfschule dies durchzuführen, weil es sogleich, wenn das Kind bei uns in die Volksschule kommt, also in die Primarschule, in die Elementarschule kommt, außer seiner Muttersprache zwei fremde Sprachen lernt.

Wir nehmen das Kind in die Schule herein. Es hat zunächst seinen epochenmäßigen Unterricht – ich habe das charakterisiert, was Epochenunterricht ist –, es hat zunächst seinen epochenmäßigen Unterricht in den ersten Schulstunden am Morgen, und daran schließt sich dann gleich für das kleine Kind ein Unterricht an im Englischen und Französischen.

Dabei versuchen wir, diesen Sprachunterricht so zu erteilen, dass gar nicht das Verhältnis der einen Sprache zur anderen dabei in Betracht kommt. Wir sehen ganz davon ab vor dem Lebenspunkt, den ich charakterisiert habe, zwischen dem 9. und 10. Jahr, wir sehen ganz davon ab, dass, sagen wir, der Tisch im Deutschen Tisch, im Englischen table heißt, dass essen im Deutschen essen, im Englischen eat heißt. Wir knüpfen nicht eine Sprache an Worte einer anderen Sprache an, sondern an die unmittelbaren Gegenstände. Das Kind lernt benennen, sei es im Französischen, sei es im Englischen, die Decke, die Lampe, den Stuhl.

Es lernt also im 7., 8., 9. Jahr noch nicht, irgendwie auf das Übersetzen Wert zu legen, das heißt auf das Umsetzen eines Wortes aus einer Sprache in die andere, sondern es lernt einfach in der Sprache sprechen in Anlehnung an die äußeren Gegenstände. Sodass das Kind gar nicht zu wissen braucht, oder nicht daran zu denken braucht, wenn es im Englischen table sagt, dass das im Deutschen Tisch heißt und so weiter. Das gibt es nicht für das Kind. Es kommt gar nicht darauf während der Stunde, denn es wird keinerlei Sprachvergleich oder so etwas mit dem Kind bis dahin getrieben.

Dadurch bekommt das Kind jede Sprache aus dem Element heraus zu lernen, aus dem sie stammt: aus dem Gefühlselement. Denn was ist die Sprache in ihren Lauten? – und aus Lauten besteht ja nur die Sprache. Sie ist entweder der Ausdruck von innerem Seelischen, dann steht der Vokal da, oder sie ist der Ausdruck von Äußerlichem, dann steht der Konsonant da. Aber das muss man zuerst fühlen.

Das Kind soll das fühlen, was zum Beispiel in dem Wort «water» (s. Tafel S. 118) liegt. Wir werden das nicht im Unterricht gebrauchen, sondern wir sollen nur den Unterricht so einrichten, dass das Kind mit dem Vokal das Gefühl verbindet, und in dem Konsonanten die Nachahmung von etwas Äußerem empfindet. Das tut das Kind schon, weil es in der menschlichen Wesenheit liegt, aber wir sollen das ihm nicht austreiben, sondern wir sollen daran anknüpfen.

Was ist A? – also das gehört nicht zum Unterricht, das gehört nur dazu, dass Sie es wissen! – was ist A? Ich stehe, wenn die Sonne aufgeht, bewundernd vor der aufgehenden Sonne: Ah! A ist immer der Ausdruck des Staunens, der Verwunderung. Im Englischen verschiebt sich das gegenüber dem Deutschen, es ist aber in jeder Sprache, auch hier der Ausdruck des Erstaunens, des Verwunderns da. Eine Fliege setzt sich auf meine Stirn; ich sage: Eh! Es ist der Ausdruck des Abwehrens, des Wegmachens: E.

Jetzt nehmen Sie ein charakteristisches Wort: rollen, das Rollen einer Kugel, im Englischen: roll (s. Tafel). Da haben Sie das R. Wer sollte da nicht fühlen, dass ich dann mit dem L das Rollen weitergebe. R wäre nur so (s. Tafel, Mitte: Kreise ineinander); R L heißt, das geht weiter (rechts: Kreise fortrollend). L ist immer das Weiterfließen. Da haben Sie einen äußeren Vorgang in den Konsonanten nachgeahmt.

So ist die ganze Sprache entweder aus dem inneren Gefühl des Erstaunens, Verwunderns, Sich-Wehrens, Sich-Behauptens und so weiter, oder sie ist aus dem Nachahmungsgefühl bei den Konsonanten. Das soll man dem Kind nicht austreiben. Es soll fühlen lernen, an den Gegenständen und an seinem Verhältnis, an seinem Gefühlsverhältnis zu den Gegenständen den Laut entfalten. Es soll alles aus dem Sprachgefühl heraus geholt werden. Das Kind soll bei dem roll fühlen: r, o, l, l. So ist es bei jedem Wort.

Das hat der moderne zivilisierte Mensch ganz verlernt. Er glaubt, das Wort sei etwas Aufgeschriebenes oder irgendetwas ganz Abstraktes. Der Mensch kann sich gar nicht mehr in die Sprache hineinleben. Primitive Sprachen, die haben noch überall das Gefühl in der Sprache. Die zivilisiertesten Sprachen, die machen die Sprache abstrakt. Sehen Sie nur einmal in der eigenen englischen Sprache, wie die zweite Hälfte der Worte weggeworfen, weggeschleudert wird, wie man da über das eigentliche Fühlen in den Lauten wegspringt. Aber das Kind muss im Fühlen in der Sprache erhalten bleiben.

Dieses Sprachgefühl sollte man pflegen, indem man charakteristische Worte nimmt, an denen man dies Gefühl erörtern kann. Im Deutschen haben wir für das, was der Mensch da oben hat, das Wort Kopf. Im Englischen haben wir head, im Italienischen haben wir testa. Was tut man, wenn man sich zu der Sprache so abstrakt verhält, wie man das gewöhnlich tut, was tut man da? Man sagt, im Deutschen heißt der Kopf Kopf, im Italienischen testa, im Englischen head. Aber das ist alles nicht wahr, das ist alles Unsinn.

Sehen Sie, Kopf, was ist das? Kopf ist dasjenige, was geformt ist, rundlich geformt ist. Da drückt man die Form aus, wenn man Kopf sagt. Sagt man testa – Sie sehen das in dem Wort Testament, testieren –, da drückt man das aus, dass der Kopf etwas feststellt. Man drückt da etwas ganz anderes aus. Man sagt zu dem, was da droben sitzt: Das ist der Feststeller, der Testierer: testa. Im Englischen ist man der Ansicht, dass der Kopf das Hauptsächlichste des Menschen ist. Man sagt im Englischen head: Das ist das Wichtigste, das, zu dem alles hinzielt, in dem alles zusammenkommt.

Man drückt also Verschiedenes aus. Es wird in den verschiedenen Sprachen Verschiedenes ausgedrückt. Wollte man dasselbe bezeichnen, müsste der Engländer und der Italiener ebenso Kopf sagen. Aber sie bezeichnen nicht dasselbe. In der menschlichen Ursprache wurde überall dasselbe bezeichnet, daher ist die menschliche Ursprache für alle dasselbe gewesen. Dann haben sich die Menschen getrennt, dann haben sie Verschiedenes bezeichnet, und dadurch kamen die verschiedenen Worte. Wenn man Verschiedenes bezeichnet, dann wird nicht mehr gefühlt, was in den Worten drinnen ist. Und das ist notwendig, dass man das nicht heraustreibt. Das muss drinnen bleiben. Deshalb darf man auch eine Sprachbetrachtung nicht vor dem 9. oder 10. Jahr eintreten lassen.

Da sollte man erst zu dem übergehen, was Hauptwort, was Zeitwort ist, was Substantiv, Adjektiv, Verbum und so weiter ist, nicht früher, nicht vor dem 9., 10. Jahr, sonst betrachtet man am Kind etwas, was noch in ihm selbst ist. Das kann es aber nicht fassen, weil es sich noch nicht von seiner Umgebung unterscheidet. Das ist sehr wichtig, unmittelbar ins Auge zu fassen: nichts von Grammatik, auch nichts von Sprachvergleichung, vor dem 9. oder 10. Lebensjahr eintreten zu lassen. Dann bekommt das Kind etwas Ähnliches beim Sprechen, wie es beim Singen bekommt.

Ich habe versucht, dieses innere Wohlgefühl beim Singen durch das innere Wohlgefühl zu veranschaulichen, das aus den Verdauungsorganen der Kühe auf der Weide aufsteigt, wenn sie verdauen. Aber ein solches inneres Wohlgefühl, oder wenigstens Sprachgefühl, sodass die Kinder fühlen, was in einem Wort ist, dass sie bei «roll» das innerliche Rollen fühlen, das muss vorhanden sein. Es muss innerlich die Sprache erlebt werden, nicht bloß mit dem Kopf gedacht werden.

Heute denken zumeist die Menschen die Sprache nur noch mit dem Kopf. Daher nehmen sie, wenn sie wissen wollen, was in einer Sprache «richtig» ist, wenn von einer

Sprache in die andere übersetzt werden soll, daher nehmen sie einfach ein Wörterbuch. Die Wörter sind da so zusammengestellt, dass «testa» gleich «Kopf» steht. Und so bildet sich das Gefühl, als ob das gleich wäre. Es ist aber nicht gleich. Es wird immer etwas anderes bezeichnet, und das kann nur aus dem Gefühl heraus bezeichnet werden. Das ist notwendig zu berücksichtigen beim Sprachunterricht.

Dazu kommt noch ein anderes, ein geistiges Element. Wenn der Mensch stirbt, oder bevor er auf die Erde heruntersteigt, hat er gar keine Möglichkeit, sogenannte Substantiva zu verstehen. Er weiß gar nichts, der sogenannte Tote weiß gar nichts von Hauptwörtern. Das, was da von Gegenständen benannt wird, davon weiß er nichts. Er weiß noch etwas von Eigenschaften. Man hat also eine Möglichkeit, sich mit dem Toten über Eigenschaften zu verständigen. Das hört auch bald auf. Am längsten dauert das Sich-Verständigen über Verben, über Tätigkeitsworte, aktive und passive Bezeichnungen, und am allerlängsten dauern die Bezeichnungen der Empfindungen: oh!, ah!, ih!, eh! Diese Bezeichnungen, diese Interjektions-Bezeichnungen, die bewahrt sich der Tote am allerlängsten.

Daraus können Sie auch sehen, dass die menschliche Seele darauf angewiesen ist, wenn sie nicht ganz ungeistig werden soll, in den Interjektionen zu leben. Interjektionen sind alle Vokale. Und die Konsonanten, die sehr bald auch als solche nach dem Tod verloren gehen, die auch nicht vorhanden sind vor dem Herabsteigen zur Erde, die sind Nachahmungen des Äußeren. Das sollen wir im Gefühl erleben und darauf sehen, wie das beim Kind liegt, um es nicht durch einen frühzeitigen Unterricht in Substantiven, Adjektiven und so weiter auszutreiben, sondern diesen erst zwischen dem 9. und 10. Jahr beginnen zu lassen. (Es wird übersetzt).

III.

Meine lieben Freunde! Wir haben in der Waldorfschule von Anfang des Volksschulunterrichts, des Primarunterrichts an, die Eurythmie eingeführt, diese sichtbare Sprache, in der der Mensch durch Bewegungen, die er an sich selbst und in Gruppen ausführt, sich so offenbart, wie er sich sonst durch die Sprache offenbart.

Es ist so, dass, wenn das Kind nicht im Sprachunterricht verdorben wird, wenn es nicht früh das Sprachgefühl durch den Erzieher unberücksichtigt findet, wenn es im Sprachgefühl erhalten wird, es ist so, dass dann das Kind den Übergang zur Eurythmie so selbstverständlich für den Menschen empfindet, wie das ganz kleine Kind es als selbstverständlich empfindet, die Lautsprache zu lernen.

Man hat nicht die geringste Schwierigkeit, an die Kinder Eurythmie heranzubringen. Sie wollen sie, wenn sie gesund entwickelte Kinder sind. Man kann immer nachforschen, wo irgendetwas Pathologisches sitzt, wenn ein Kind nicht an die Eurythmie herankommen will. Die Kinder wollen ebenso selbstverständlich eurythmisieren, wie sie als ganz kleine Kinder sprechen lernen wollen, wenn die Organe alle gesund sind.

Das ist aus dem Grund, weil das Kind besonders lebendig den Drang fühlt, das innerlich Erlebte auch willensmäßig an sich zum Ausdruck zu bringen. Das äußert sich dann, wenn der Mensch frühzeitig als Kind zum Lachen und zum Weinen übergeht, in den besonders physiognomischen Äußerungen für Gefühle.

Sie werden schon recht sehr in Metaphern, in Vergleichen sprechen müssen, wenn Sie von einen Hund oder von einem anderen Tier sagen wollen, dass es «lacht». Es lacht nicht in derselben Weise wie der Mensch, es weint auch nicht in derselben Weise wie der Mensch. Beim Tier sind überhaupt Gebärden, Bewegungen, die das innerlich Erlebte in das Willenselement hineintragen, etwas ganz anderes. Sie sind beim Menschen etwas ganz anderes als beim Tier.

So gesetzmäßig, wie der Mensch spricht, ist auch dasjenige, was in der Eurythmie zum Ausdruck kommt. Sprechen ist nichts Willkürliches. Man kann nicht, wenn es irgendwie water heißt, anstelle des a einen anderen Vokal hersetzen, man kann nicht wuter (s. Tafel) oder dergleichen sagen. Es ist gesetzmäßig, das Sprechen. So ist auch das Eurythmische gesetzmäßig.

Bei den gewöhnlichen Gebärden des Leibes, da ist man frei, obwohl der Mensch auch manches aus einem Instinkt heraus macht. Wenn er nachdenkt, macht er so (Finger an die Stirn). Wenn er andeuten will, dass etwas nicht wahr ist, macht er so: Er schüttelt den Kopf oder die Hand, er löscht es aus. Aber das innere Erleben so durch gesetzmäßige Bewegungen in das Bild überführen, wie die Sprache das innere Erleben in den Laut überführt, das ist die Eurythmie. Und das Kind will Eurythmie lernen.

Deshalb ist die Tatsache, dass kein Eurythmieunterricht in der heutigen Erziehung da ist, ein Beweis dafür, dass man gar nicht darauf bedacht ist, die menschlichen Fähigkeiten aus der Natur, aus dem Wesen des Menschen herauszuholen. Denn dann kommt man ganz von selbst auf die Eurythmie, wenn man das tut.

Dadurch wird dem Turnunterricht, dem Unterricht in den Leibesübungen, kein Abbruch getan, aber es ist etwas anderes, und man soll diesen Unterschied als Lehrer, als Erzieher gut einsehen. Es ist der gymnastische Unterricht und alles sportliche Treiben und so weiter, wie es heute getrieben wird, es ist etwas anderes als Eurythmie. Beide können nebeneinander sehr gut bestehen.

Denn, sehen Sie, der Begriff des Raumes, der wird von den Menschen sehr häufig ganz abstrakt gefasst. Die Menschen nehmen keine Rücksicht darauf, dass der Raum etwas Konkretes ist. Die Menschen haben sich heute daran gewöhnt, die Erde rund zu denken. Derjenige, der hier wohnt, wenn er springt, der sagt, er springt hinauf (s. Tafel S. 118, links ganz unten). Sein Gegenfüßler, der da unten die Beine und da oben den Kopf hat, der springt hinunter, so denkt sich der Mensch. Aber das ist nichts Erlebbares.

Ich habe einmal ein Buch gelesen – Anschauungen über Naturphilosophie. Da wollte man dieses, dass der Himmel oben ist, lächerlich machen – der Autor wollte das lächerlich machen, indem er sagte: Da unten bei den Antipoden ist dann der Himmel unten! Aber so arg sind die Dinge nicht. Wir urteilen nicht so über die Welt und den Raum, dass wir uns ganz ausschalten und den Raum nur als irgendetwas Abstraktes hinstellen. Das tun Philosophen wie Hume, Mill oder Kant, aber das ist alles nicht wahr, das ist alles ein Unsinn.

Der Raum wird vom Menschen als etwas ganz Konkretes empfunden. Der Mensch fühlt sich im Raum drinnen, er fühlt die Notwendigkeit, sich in den Raum hineinzustellen. Wenn er sich in das Gleichgewicht des Raumes, in die verschiedenen Lagen des Raumes hineinstellt, so entsteht das Sportliche, das Gymnastische, das Turnen. Da will der Mensch sich in den Raum hineinlagern. Die Eurythmie ist etwas anderes.

Wer gymnastische Bewegung macht, zum Beispiel die Arme ausstreckt, der hat das Gefühl, er legt seine beiden Arme in die horizontale Richtung hinein. Wer springt, der hat das Gefühl, er bewegt seinen Körper durch dessen eigene Kraft nach aufwärts. Das ist Turnen. Das sind gymnastische Übungen. Wer aber das Gefühl hat, er hält etwas innerlich Empfundenes, i, sinnend, der macht auch diese Bewegung, aber da wird das innere Seelische in die Bewegung hineingelegt. Da offenbart der Mensch sein Inneres. Das tut er in der Eurythmie.

Eurythmie ist also die Offenbarung des Inneren. In der Eurythmie wird das ausgedrückt, was der Mensch beim Atmen und bei der Blutzirkulation erlebt, insofern diese seelisch sind.

Beim Turnen, bei der Gymnastik, beim Sport fühlt der Mensch, als ob der Raum überall Richtungen und Stellungen und alles Mögliche hätte. In die springt er hinein, nach denen richtet er sich, danach macht er sich auch seine Geräte zurecht. Er klettert auf einer Leiter hinauf, er zieht sich an einem Seil hinauf. Da richtet sich der Mensch nach dem äußeren Raum.

Das ist der Unterschied zwischen der Gymnastik und der Eurythmie: Die Eurythmie lässt das seelische Leben nach außen fließen und wird dadurch zu einer Äußerung des Menschen wie die Sprache. Sie ist eine sichtbare Sprache.

Durch das Turnen, die Gymnastik und den Sport, durch diese fügt sich der Mensch in den äußeren Raum hinein. Er passt sich der Welt an, er probiert, ob er so oder so in die Welt hineinpasst. Das ist nicht eine Sprache, das ist nicht eine Offenbarung des Menschen, sondern das ist eine Forderung der Welt an den Menschen, dass er für die Welt tüchtig sein soll, dass er sich in die Welt einfügen soll.

Und diesen Unterschied muss man merken. Dieser Unterschied, der drückt sich darin aus, dass der Turnlehrer, der Gymnastiklehrer die Kinder dazu veranlasst, solche Bewegungen zu machen, wodurch sie sich der Außenwelt anpassen. Der Eurythmielehrer drückt das aus, was im Inneren des Menschen ist. Das muss man wiederum fühlen, empfinden.

Dann werden Eurythmie-, Turn- und Gymnastikunterricht, Sportübungen, die richtige Stellung im Unterricht haben. Darüber wollen wir dann morgen weitersprechen.

Siebter Vortrag

Alles ist beseelt, alles belebt

Für das Tote ist es immer zu früh

Torquay, 19. August 1924

Meine lieben Freunde!

Wir wollen aus dem Methodischen noch einiges herausgreifen. Es können natürlich während dieser kurzen Zeit nur herausgegriffene Beispiele gegeben werden.

Wenn wir die Zeit überblicken, die der Mensch zwischen seinem Zahnwechsel und der Geschlechtsreife zubringt, so gliedert sie sich uns wieder in drei Teile, und diese drei Teile sind das, was wir zu berücksichtigen haben, wenn es sich darum handelt, das Kind durch die Elementarschule hindurchzuführen.

Da haben wir zunächst das Lebensalter bis zu dem Lebenspunkt hin, den ich hier charakterisiert habe, wo sich das Kind von seiner Umgebung unterscheidet, wo es den Unterschied macht zwischen dem «Subjekt», das es selbst ist, und dem «Objekt», das heißt den Dingen, die um es herum in der Außenwelt sind. Bis zu diesem Zeitpunkt müssen wir das Kind dabei erhalten, möglichst so erzogen zu werden, dass wir selbst damit rechnen, dass alles, was im Kind und außerhalb des Kindes ist, einen einheitlichen Charakter trägt. Ich habe Ihnen charakterisiert, wie man das artistisch machen kann.

Dann haben wir beim Pflanzen- und Tierreich gesehen, wie man zu der Beschreibung der Außenwelt übergeht. Und man kommt dann, wenn man diese Dinge ganz elementar gestaltet, bis gegen das 12. Jahr heran. Von diesem 12. Lebensjahr bis zu der Geschlechtsreife ist dann der dritte Abschnitt, in dem wir erst zu der leblosen Natur übergehen können, wo das Kind erst anfängt, das Leblose zu erfassen.

Sodass wir sagen können: vom 7. Jahr bis etwa 9½ oder 9⅓ etwa nimmt das Kind alles seelisch auf (es wird an die Tafel geschrieben – Tafel nicht erhalten; s. auch Klartextnachschrift S. 184). Es ist nichts da, was das Kind nicht seelisch aufnehmen würde. Die Bäume, die Sterne, die Wolken, die Steine, alles wird seelisch aufgenommen. Von 9⅓ etwa bis etwa 11⅔ Jahren nimmt das Kind schon den Unterschied zwischen dem Seelischen, das es in sich selbst erlebt, und dem bloß Lebendigen wahr. Und wir können vom Lebendigen als von der ganzen Erde und so weiter sprechen. Also: Seelisches und Lebendiges.

Dann, etwa von 11⅔ bis zum 14. Jahr, unterscheidet das Kind das Seelische und das Lebendige vom Toten, also von all dem, was nach Ursache und Wirkung zusammenhängt. Wir sollen dem Kind vorher, bevor es gegen das 12. Lebensjahr hingeht, gar nicht von Leblosem sprechen. Dann erst sollen wir anfangen, von Mineralien zu sprechen, von physikalischen Erscheinungen, von chemischen Erscheinungen und so weiter zu sprechen.

Wir müssen uns nur klarmachen, meine lieben Freunde, dass die Dinge wirklich so sind, dass beim Kind zwischen dem Zahnwechsel und der Geschlechtsreife noch nicht der

Intellekt, sondern die Fantasie tätig ist, und dass wir überall auf die Fantasie zählen müssen – daher der Lehrer in sich selbst, wie ich schon öfter gesagt habe, die Fantasie besonders entwickeln muss. Wenn er das nicht tut, wenn er früh zu allerlei Verstandesmäßigem übergeht, dann kann das Kind auch körperlich-physisch seine Entwicklung nicht in ordentlichem Sinne durchmachen. Und manches, was an Pathologischem in unserer Gegenwart da ist, rührt daher, dass man in der materialistischen Zeit für die Kinder zwischen dem Zahnwechsel und der Geschlechtsreife zu stark auf den Intellekt gesehen hat.

Wir dürfen erst leise mit dem Toten anfangen. Das heißt, das Tote muss erst wenn das 12. Jahr heranrückt mit dem Intellekt begriffen werden. Da können wir mit Mineralien, mit physikalischen Erscheinungen, mit chemischen Erscheinungen und so weiter an das Kind herankommen.

Aber auch da sollen wir womöglich überall an das Leben anknüpfen, nicht einfach von der Mineraliensammlung ausgehen, sondern von dem Erdboden ausgehen, sodass wir vom Gebirge ausgehen, das Gebirge zunächst beschreiben, wie es die Erde konfiguriert. Wir sprechen davon, wie das Gebirge unten von der Erde umzogen ist. Je höher wir kommen, desto kahler wird das Gebirge, desto weniger Pflanzen finden sich dort. Jetzt fangen wir an, vom Kahlen des Gebirges zu sprechen, um darauf aufmerksam zu machen, dass da Mineralisches ist. Wir gehen also vom Gebirge aus und kommen an das Mineralische heran.

Dann, wenn wir das Gebirge so recht anschaulich beschrieben haben, dann nehmen wir irgendein Mineral, wir zeigen es und sagen: Das findet man, wenn man den Weg hinauf zu diesem Gebirge geht. Dort findet man das. Hat man das für ein paar Mineralien gemacht, dann kann man dazu übergehen, die Mineralien selbst zu behandeln. Aber das Erste muss sein, dass man auch hier von dem Ganzen ausgeht, und nicht von dem Teil. Das ist von einer außerordentlichen Wichtigkeit.

Und ebenso ist es für physikalische Erscheinungen wichtig, vom Leben auszugehen. Nicht also Physik so zu lehren anfangen, wie man sie heute in den Lehrbüchern findet, sondern davon ausgehen, dass man ein Zündholz einfach anzündet und das Kind anschauen lässt, wie da das Zündholz zu brennen anfängt, das Kind auf alle Einzelheiten aufmerksam macht: wie die Flamme aussieht, wie die Flamme mehr nach außen aussieht, wie sie im Inneren aussieht; wenn man die Flamme auslöscht, dass da ein schwarzer Fleck zurückbleibt, eine schwarze Kuppe. Dann erst damit anfangen, wie hier das Feuer an dem Zündholz zustande gekommen ist. Das Feuer an dem Zündholz ist dadurch zustande gekommen, dass Wärme entwickelt worden ist, und so weiter. Also, überall die Dinge an das Leben anknüpfen.

Man soll zum Beispiel nicht vom Hebel ausgehen und sagen: Ein Hebel besteht darin, dass man hier einen Balken hat (Tafelzeichnung nicht erhalten), der hier unterstützt ist, da ein Gewicht und da ein Gewicht hat, so wie man es in den Physikbüchern ausgeführt findet. Man soll das nicht so machen, sondern man soll von der Waage ausgehen. Man soll das Kind in Gedanken zu irgendeinem Geschäft hinführen, wo mit der Waage abgewogen wird, und von da aus erst zum

Gleichgewicht übergehen, und so zu dem Begriff des Gewichtes, der Schwere übergehen.

Also überall soll man das Physikalische aus dem Leben heraus entwickeln. Und so auch bei chemischen Erscheinungen ist das Wesentliche, dass man vom Leben ausgehend die einzelnen physikalisch-mineralischen Erscheinungen betrachtet.

Geht man anders vor, geht man von der Abstraktion aus, dann geschieht etwas sehr Eigentümliches mit dem Kind. Es wird dann das Kind leicht müde durch den Unterricht. Geht man vom Leben aus, dann wird das Kind nicht müde. Müde wird es, wenn man von der Abstraktion ausgeht.

Es ist überhaupt die goldene Regel für den Unterricht, dass das Kind absolut nicht müde wird.

Sehen Sie, es ist etwas sehr Eigentümliches mit der heute sogenannten Experimentellen Pädagogik. In der Experimentellen Pädagogik stellt man fest, wann ein Kind durch irgendeine geistige Tätigkeit müde wird und man verzeichnet das: Der eine wird mehr, der andere weniger müde. Aber man verzeichnet nur, wann ein Kind müde wird. Daraus schließt man dann, wie lange man ein Kind mit irgendeinem Gegenstand beschäftigen soll. Man wendet diese Untersuchung an, um zu entscheiden, wie lange man ein Kind mit einem Gegenstand beschäftigen darf, damit es nicht müde wird.

Die ganze Anschauung ist falsch, durch und durch falsch. Denn sehen Sie, die Sache ist so – Sie können das in meinen Büchern nachlesen, namentlich in Zyklen, aber auch in meinem Buch *Von Seelenrätseln:* Der Mensch besteht aus drei Gliedern: aus dem Nerven-Sinnes-Menschen – ich will das nur in Ihr Gedächtnis zurückrufen –, das ist all das, was den Menschen in seiner geistigen Tätigkeit stützt; er besteht dann aus dem rhythmischen Menschen, in dem aller Atmungsrhythmus, alle Blutzirkulation und so weiter enthalten ist, und aus dem Stoffwechsel-Gliedmaßen-Menschen, in dem alles enthalten ist, wodurch die Stoffe umgewandelt werden.

Wenn man die Entwicklung des Kindes von der Geburt bis zum Zahnwechsel nimmt, so ist es insbesondere die Kopforganisation, die Nerven-Sinnes-Organisation, die da wirkt. Das Kind entwickelt sich in der ersten Zeit seines Lebens vom Kopf aus. Das müssen Sie nur genau durchschauen. Sehen Sie sich zuerst einmal einen menschlichen Embryo an, also das noch ungeborene Kind. Da ist der Kopf mächtig, alles andere ist noch verkümmert. Dann wird das Kind geboren. Sein Kopf ist immer noch das Mächtigste, und vom Kopf aus geht überhaupt das ganze Wachstum und alles.

Das ist nicht mehr der Fall beim Kind zwischen dem 7. und 14. Lebensjahr. Der Atmungsrhythmus, der Blutrhythmus, der ganze Rhythmus ist herrschend zwischen dem Zahnwechsel und der Geschlechtsreife des Kindes. Nur der Rhythmus. Aber wie ist es mit dem Rhythmus?

Denken Sie sich doch nur einmal: Wenn ich viel nachdenke, wenn ich viel studieren muss, werde ich müde. Ich werde kopfmüde. Wenn ich viel gehen muss, also den Gliedmaßenorganismus anstrenge, werde ich auch müde. Der Kopf- oder Nerven-Sinnesorganismus und der Stoffwechsel- oder Gliedmaßenorganismus, die können müde werden. Aber der rhythmische Organismus, der kann gar nicht müde werden! Denken Sie doch: Während des ganzen Tages müssen Sie atmen und das Herz muss schlagen. Und auch während der Nacht. Das darf gar nie aufhören zwischen der Geburt und dem Tod. Es muss fortwährend der Rhythmus gehen, der darf nicht müde werden. Der wird überhaupt nicht müde.

In der Erziehung und im Unterricht müssen Sie sich an das System wenden, das den Menschen beherrscht – also, zwischen dem Zahnwechsel und der Geschlechtsreife müssen Sie sich mit Bildern an den Rhythmus wenden. Sie müssen alles, was Sie betreiben, so betreiben, dass der Kopf möglichst wenig dabei beteiligt ist, dass das Herz, dass der ganze Rhythmus, alles, was rhythmisch ist, daran beteiligt ist. Was ist die Folge? Dass durch einen solchen Unterricht das Kind überhaupt nicht müde wird, weil man von dem rhythmischen System und nicht von dem Kopf ausgeht.

Die Leute sind so furchtbar gescheit, und sie haben in der materialistischen Zeit ausgedacht, dass man zwischen den Unterrichtsstunden die Kinder immer herumtollen lassen muss. Es ist gut, dass man sie herumtollen lässt, wenn es durch das Seelische geschieht, durch die Freude, die sie am Unterricht haben. Denn man hat da auch Experimente gemacht und hat gefunden: Wenn die Kinder während des Unterrichts ordentlich unterrichtet werden, werden sie weniger müde, als wenn sie draußen herumtollen. Das Bewegen der Glieder ermüdet mehr, während das, was man in dem Unterricht an die Kinder heranbringt, sie überhaupt nicht ermüden darf.

Je mehr Sie das Bildhafte vor den Kindern entfalten, je weniger Sie den Intellekt anstrengen, je mehr Sie lebendig schildern, desto mehr nehmen Sie bloß das rhythmische System in Anspruch – und desto weniger ermüdet das Kind. Wenn also die Experimental-Psychologen kommen und untersuchen, wie stark das Kind ermüdet, was haben sie denn da eigentlich untersucht? Sie haben untersucht, wie schlecht unterrichtet worden ist! Wenn man gut unterrichtet hätte, würden sie gar keine Ermüdung konstatieren können.

Man muss dazu kommen, für das Kind in der Volksschule nur das rhythmische System zu beanspruchen. Und für dieses rhythmische System, das nie ermüdet, das gar nicht angestrengt wird, wenn man es in der entsprechenden Weise beschäftigt, braucht man nicht das Intellektuelle, sondern man braucht das Bildhafte, das, was aus der Fantasie kommt. Daher müssen Sie in der Schule unbedingt die Fantasie walten lassen.

Also auch noch in den letzten Jahren, von $11\frac{2}{3}$ bis zum 14. Jahr, da auch noch das Tote durch die Fantasie lebendig machen, an das Leben anknüpfen. Man kann die Möglichkeit gewinnen, alle physikalischen Erscheinungen an das Leben anzuknüpfen. Da muss man Fantasie dazu haben. Das ist das, was notwendig ist.

Dann wird es sich darum handeln, dass man diese Fantasie vor allen Dingen in dem walten lässt, was man den Aufsatz nennt, wenn das Kind einen Aufsatz schreiben soll, wenn es selbst etwas ausarbeiten soll. Da handelt es sich darum, dass man nichts vom Kind aufsatzmäßig verarbeiten lässt, was man nicht zuerst durchgesprochen hat, sodass das

Kind mit der Sache bekannt ist. Man soll selbst über die Sache von sich aus als Lehrer- und Erzieherautorität gesprochen haben. Dann soll das Kind unter dem Einfluss dessen, was man selbst gesprochen hat, seinen Aufsatz schreiben.

Davon soll man auch in den letzten Jahren vor der Geschlechtsreife nicht abgehen. Auch da soll man nicht blind das Kind darauflos schreiben lassen, sondern in ihm das Gefühl rege werden lassen, es soll nichts in den Aufsatz bringen, was ihn nicht in dem Stil hält, der ihm dadurch geliefert worden ist, dass der Gegenstand des Aufsatzes durch den Lehrer oder Erzieher selbst besprochen worden ist.

Also, auch da muss Lebendigkeit walten. Die Lebendigkeit des Lehrers muss auf die Lebendigkeit des Kindes übergehen. (Es wird übersetzt).

II.

Meine lieben Freunde! Der ganze Unterricht und die ganze Erziehung, sie müssen, wie Sie aus alldem ersehen, aus dem Leben geholt werden. Das spricht man heute oft genug aus, man sagt, es muss so unterrichtet werden, dass die Sache lebendig ist, wirklichkeitsgemäß ist, aber man muss sich erst ein Gefühl für das aneignen, was wirklichkeitsgemäß ist. Wie man auch da, wo man theoretisch gute Erziehungsgrundsätze zugibt, manchmal in der Praxis verfährt, das möchte ich Ihnen an einem Beispiel erörtern, das ich selbst erlebt habe.

Ich kam einmal in eine Schulklasse, ich will jetzt nicht sagen, wo, da wurde ein Rechenexempel aufgegeben. Und das Rechenexempel lautete ungefähr so – es wurde aufgegeben aus dem Grund, um die Addition an das Leben anzuknüpfen. Man sollte nicht einfach $14\frac{2}{3}$ und $15\frac{5}{6}$ und $25\frac{3}{5}$ addieren, sondern man sollte etwas aus dem Leben haben. Das wurde so gemacht, es wurde gesagt: Ein Mensch ist geboren am 25. März 1895, ein zweiter Mensch am 27. August 1898, ein dritter Mensch am 3. Dezember 1899. Wie alt sind diese drei Menschen zusammen? So wurde gefragt. Und es wurde ernsthaft auf folgende Weise gerechnet: Von 1895 bis zum Jahr 1924 sind es $29\frac{2}{3}$ Jahre: So alt ist der Erste. Der andere ist bis 1924 ungefähr $26\frac{1}{2}$ Jahre alt, und der Dritte von 1899, da er am 3. Dezember erst geboren ist, können wir sagen, er ist 25 Jahre alt. Es wurde gesagt: Wenn man das zusammenrechnet, so kommt heraus, wie alt sie zusammen sind.

Meine lieben Freunde! Ich möchte aber fragen, wie die drei Menschen das machen sollen, dass sie in irgendeiner Summierung zusammen alt werden können! Wie sollen sie das anstellen? Nicht wahr, die Zahlen ergeben ganz richtig eine Summe, aber wie stellt man sich vor, dass diese Summe irgendwo in der Wirklichkeit ist! Die Drei leben alle die gleiche Zeit gesondert, also sie können unmöglich das zusammen irgendwie erleben! Das ist gar nicht aus dem Leben, wenn man solch eine Rechnung aufstellt.

Man konnte mir zeigen, dass das eine aus einem Schulbuch entlehnte Rechnung ist, ein Exempel, das man aus einem Schulbuch gegeben hat. Ich sah mir dann dieses Schulbuch an. Da standen mehrere solche «geistreiche» Dinge. Ich habe in manchen Gegenden gefunden, wie das wiederum auf das Leben zurückwirkt, und das ist das

Wichtige. Also das, was wir in der Schule treiben, meine lieben Freunde, geht wiederum in das Leben zurück. Wenn wir in der Schule falsch lehren, wenn wir so unterrichten, dass wir irgendetwas, was gar keine Wirklichkeit ist, in eine Rechnung hineinbringen, so wird diese Denkweise von den Menschen aufgenommen und dann ins Leben hineingetragen.

Ich weiß nicht, ob das in England auch so ist, aber in Mitteleuropa ist es überall: Wenn nicht ein Einzelner, sondern ein Konsortium, sagen wir mehrere Verbrecher zusammen angeklagt und verurteilt werden, dann findet man in den Zeitungen angegeben: Alle fünf zusammen haben eine Gefängnisstrafe von 75 Jahren bekommen. Ja, das finden Sie alle Augenblicke: Zusammen – der eine hat 10, der andere 20 Jahre bekommen und so weiter, aber man rechnet das zusammen. Nun möchte ich wissen, was solch eine Summe in der Wirklichkeit für eine Bedeutung hat! Für jeden Einzelnen, der verurteilt ist, haben die 75 Jahre zusammen keine Bedeutung, auch alle zusammen werden früher fertig. Also, es hat keine Realität.

Das ist das Wichtige, dass man überall auf die Realität losgeht. Wir vergiften geradezu das Kind, dem wir eine solche Addition aufgeben, die ganz und gar nicht möglich ist in der Wirklichkeit. Wir müssen das Kind anleiten, nur Dinge zu denken, die auch im Leben vorhanden sind. Dann wird auch wieder vom Unterricht aus die Wirklichkeit in das Leben hineingetragen. Wir leiden in unserer Zeit furchtbar unter dem nicht-wirklichkeitsgemäßen Denken der Menschen. Der Lehrer hat es nötig, das sich zu überlegen.

Es gibt in unserer Zeit eine Theorie, die rein aus der Erziehung hervorgegangen ist, obwohl die Menschen, die diese Theorie aufgestellt haben, als außerordentlich geistreich gelten. Es ist die sogenannte Relativitätstheorie – ich denke, Sie werden auch schon etwas davon gehört haben –, die sich an den Namen Einstein knüpft. An ihr ist vieles richtig, ich will das Richtige gar nicht anfechten, aber sie wird dann in der folgenden Weise ausgedehnt.

Nehmen wir an, irgendwo wird eine Kanone losgelassen. Jetzt sagt man: Nach soundso viel Zeit hört man den Ton, den Knall der Kanone, wenn man soundso viele Meilen entfernt ist. Wenn man aber nicht stillsteht, so sagt man, sondern mit dem Schall mitgeht, in der gleichen Richtung geht, so hört man es später, man bekommt den Knalleindruck später – und je schneller man sich entfernt, desto später kommt der Schalleindruck. Macht man es umgekehrt, geht man dem Schall entgegen, kommt er immer früher.

Wenn man diesen Gedanken fortsetzt, so kommt man zu der Denkmöglichkeit – die aber keine Wirklichkeitsmöglichkeit ist –, dass man dem Schall schneller entgegenkommt, als er selbst geht. Wenn man das zu Ende denkt, dann kommt man dazu, sich zu sagen: Es gibt auch die Möglichkeit, den Schall früher zu hören, als die Kanone ihn losgelassen hat! Das ist das, wozu solche Theorien führen, die vom nicht-wirklichkeitsgemäßen Denken kommen.

Wer richtig in der Wirklichkeit denkt, der kann manchmal ungeheure Schmerzen ausstehen. Denn in den Büchern von Einstein finden Sie sogar angeführt, wie man eine Uhr nimmt, sie mit Lichtgeschwindigkeit in den Weltraum hinausgehen lässt, und sie dann wieder zurückkommt. Es wird erklärt: Wenn sie mit Lichtgeschwindigkeit hinausgeht und wieder zurückkommt, wie es dann mit dieser Uhr zugeht. Aber ich möchte einmal wirklichkeitsgemäß diese Uhr anschauen, wie die aussieht, wenn sie mit Lichtgeschwindigkeit hinaussaust und wieder zurückkommt!

Es handelt sich also darum, dass man niemals in seinem Denken von der Wirklichkeit abkommt. Darin besteht das Urübel unseres Unterrichts, dass sich so vieles im Unterricht von der Wirklichkeit entfernt.

Darauf beruht auch sehr vieles, was heute in den «mustergültigen» Kindergärten gemacht wird. Da hat man Arbeiten ausgedacht, die das Kind machen soll. In Wirklichkeit soll man das Kind auch im Spiel nichts anderes machen lassen, als das, was Nachahmung des Lebens ist. Also alle Fröbel-Arbeiten[2] und so weiter, die ausgedacht sind, sind eigentlich von Übel. Es handelt sich darum, dass man das Kind nur das machen lässt, was auch im Spiel Nachahmung des Lebens ist. Das ist von ungeheurer Wichtigkeit.

Deshalb soll man auch nicht, wie ich Ihnen schon gesagt habe, Spielwaren ausdenken, die «kunstvoll» gestaltet sind, wie man sagt, sondern man soll womöglich bei Puppen oder bei irgendetwas dem Kind noch möglichst viel für die Fantasie übrig lassen. Das ist von einer großen Bedeutung. Ich weiß nicht, ob ich schon das Beispiel von der Puppe

---

2 Friedrich Wilhelm August Fröbel (1782-1852), deutscher Pädagoge, Schüler von Pestalozzi. Er weist auf die Bedeutung der frühen Kindheit hin: Schaffung eines Systems von Liedern, Beschäftigungen und «Spielgaben». Begründer des «Kindergartens».

auch hier in diesem Zusammenhang auseinandergesetzt habe. Das ist also das, was ich auch hier andeuten will, dass Sie darauf sehen, dass nichts in Unterricht und Erziehung hineinkommt, was nicht in irgendeiner Weise an das Leben anknüpft.

Und das ist dann dasjenige, was immer berücksichtigt werden muss, wenn das Kind dazu angeleitet wird, selbst irgendetwas zu schreiben. Man soll dem Kind jederzeit bemerklich machen, wann es von der Wirklichkeit abirrt. Der Verstand geht niemals so tief in die Wirklichkeit hinein, wie die Fantasie. Die Fantasie kann irren, aber sie geht in die Wirklichkeit hinein. Der Verstand bleibt immer an der Oberfläche haften. Daher ist es für den Lehrer so unendlich wichtig, selbst wirklichkeitsgemäß in der Klasse drinzustehen.

Damit der Lehrer selbst wirklichkeitsgemäß in der Klasse drinstehen kann, haben wir in der Waldorfschul-Pädagogik die Lehrerkonferenz als Seele des ganzen Unterrichts. In dieser Lehrerkonferenz, wo die Lehrer vereinigt sind, bringt jeder das vor, was er selbst an seiner Klasse, an der Summe seiner Kinder gelernt hat, sodass jeder vom anderen lernen kann. Und keine Schule lebt, in der nicht die Konferenz, die Versammlung der Lehrer von Zeit zu Zeit das Allerwichtigste ist. Man kann da ungeheuer viel lernen.

Wir haben in der Waldorfschule gemischte Klassen, Mädchen und Knaben nebeneinander. Man kann, ganz abgesehen von dem, was sich die Knaben und Mädchen sagen, oder was sie mit ihrem Bewusstsein miteinander austauschen, man kann einen deutlichen Unterschied bemerken zwischen Klassen, in denen mehr Mädchen als Knaben sind, und Klassen, in denen mehr Knaben als Mädchen sind – oder in denen Knaben und Mädchen gleich verteilt sind.

Jahrelang bin ich dem nachgegangen, und immer hat es sich gezeigt: Es ist etwas ganz anderes in einer Klasse, wo mehr Mädchen als Knaben sind. In einer Klasse, wo mehr Mädchen als Knaben sind, findet man sehr bald, dass man selbst als Lehrer im Verhältnis weniger müde wird, weil die Mädchen leichter auffassen, aber auch mit einem größeren Eifer auffassen als die Knaben.

Aber man findet auch zahlreiche andere Unterschiede. Vor allen Dingen findet man sehr bald heraus, dass die Knaben selbst in der Leichtigkeit ihrer Auffassung gewinnen, wenn sie in der Minderzahl sind, während die Mädchen verlieren, wenn sie selbst in der Minderzahl sind. Und so sind zahlreiche Unterschiede da, die nicht durch das Mitteilen, nicht durch das gegenseitige Verhandeln bestehen, sondern die im Imponderablen bleiben, die Imponderabilien sind.

All diesen Dingen gegenüber muss man ungeheuer aufmerksam sein. Alle Dinge, sowohl diejenigen, die sich auf ganze Klassen beziehen, wie diejenigen, die sich auf einzelne Schüler beziehen, werden bei uns in der Konferenz behandelt. Sodass jeder Lehrer die Möglichkeit hat, auf charakteristische Schüler-Individualitäten besonders hinzuweisen.

Eines ist natürlich bei der Waldorfschul-Methode schwierig. Man muss viel mehr als sonst beim Klassenunterricht nachdenken, wie man die Schüler vorwärtsbringt. Denn man will so unterrichten – und alles, was ich Ihnen auseinandergesetzt habe, ist darauf angelegt, so zu unterrichten –, dass man vom Lebensalter des Kindes abliest, was in diesem Lebensalter an das Kind herangebracht werden soll.

Denken Sie sich, wenn man leichten Herzens ein Kind, das zwischen dem 9. und 10. Jahr ist, also in der Klasse ist, die diesem Alter entspricht, wenn man dieses Kind, wie man sagt, sitzen bleiben lässt, nicht mitkommen lässt. Dann wird es im nächsten Jahr für ein Lebensalter unterrichtet, das es gar nicht hat.

Daher vermeiden wir es unter allen Umständen, dass wir Kinder zurückbleiben lassen, wenn sie nicht das Lehrziel erreichen. Es ist unbequemer, als wenn man einfach die Kinder sitzen bleiben lässt in der Klasse, in der sie sind, sie repetieren lässt, aber wir vermeiden das.

Wir haben nur das eine Korrektiv, dass wir diejenigen, die ganz schwach sind, in eine Klasse für geistig minderbegabte Kinder zusammenfassen. Und die werden dann unterrichtet von Dr. Schubert, der auf diesem Gebiet eine ganz besondere Gabe und Geschicklichkeit hat. Da werden aber von allen Klassen diejenigen zusammengefasst, die in irgendeiner Weise weniger begabt sind. Wir können natürlich, da wir so viele Kinder haben, nicht auch noch so viele Klassen für schwächere Kinder errichten. Sonst lassen wir, wie gesagt, die Kinder in der Klasse nicht zurück, sondern suchen sie unter allen Umständen mitzunehmen, sodass die Kinder das finden, was ihrem Lebensalter entspricht. (Es wird übersetzt).

III.

Meine lieben Freunde! Nach zwei Richtungen hin versuchen wir für diejenigen Kinder, die nicht weiterschreiten können, die nicht an allem Schulunterricht teilnehmen können, als bis sie geschlechtsreif sind – die uns also nach der Volksschule, der Primarschule verlassen müssen –, nach zwei Richtungen hin versuchen wir durch die ganze Anlage des Unterrichts diese Kinder zu einer lebensgemäßen Weltempfindung zu bringen.

Auf der einen Seite legen wir allen naturkundlichen und geschichtlichen Unterricht so an, dass das Kind zuletzt eine Erkenntnis der menschlichen Wesenheit hat, dass es weiß, welche Stellung der Mensch in der Welt einnimmt. Menschenkunde ist das, worauf wir alles hinorientieren, sodass wir eine Art von Abschluss der Menschenkunde herbeiführen, wenn die Kinder in der 7., 8. Klasse, das heißt also im 13., 14. Lebensjahr angekommen sind.

Da hat das Kind dann durch all das, was es bis dahin gelernt hat, die Möglichkeit, sich eine Vorstellung davon zu machen, was für geistig-seelische Kräfte und physische Stoffe an dem Menschen selbst beteiligt sind, wie der Mensch mit allem Physischen, mit allem Seelischen und mit allem Geistigen mit der Welt zusammenhängt. Sodass das Kind weiß, was der Mensch ist innerhalb des ganzen Kosmos, auf seine Art das natürlich weiß. Das ist das, was wir auf der einen Seite versuchen mit dem Kind zu erreichen.

Auf der anderen Seite versuchen wir mit dem Kind das zu erreichen, dass wir es zu einem Verständnis des Lebens überleiten. Es ist heute so, dass die meisten Menschen, die in der Stadt aufwachsen, keine Ahnung davon haben, wie Leder gegerbt wird, keine Ahnung davon haben, wie irgendein Stoff, zum Beispiel das Papier, zustande kommt und so weiter. Zahlreiche Menschen wissen nicht, wie das Papier zustande kommt, auf dem sie schreiben. Zahlreiche Menschen wissen nicht, wie der Stoff entsteht, den sie sich anziehen, oder wenn sie Lederschuhe haben, wie das Leder zustande kommt. Denken Sie nur, wie unzählige Menschen Bier trinken und keine Ahnung davon haben, wie das Bier gemacht wird.

Das ist etwas Ungeheuerliches. Es lässt sich natürlich nicht alles nach dieser Richtung tun, aber wir versuchen so viel wie möglich nach der Orientierung hin zu tun, dass das Kind ungefähr weiß, wie gearbeitet wird in den verschiedenartigsten Gewerben, und dass das Kind auch lernt, Arbeiten zu verrichten, die im Leben drinstehen.

Es ist nur außerordentlich schwierig, gegenüber dem, was heute von den Behörden an Anforderungen an die Kinder gestellt wird, mit einer Erziehung aufzukommen, die lebensgemäß ist. Man macht da die bösesten Erfahrungen. So zum Beispiel mussten wir einmal, da die Verhältnisse der Eltern das notwendig machten, einen Schüler entlassen, der die 2. Klasse eben vollendet hatte, der in der 3. Klasse war. Er sollte in einer anderen Schule weiterlernen. Da machte man uns die bittersten Vorwürfe, denn dieser Schüler hatte es im Rechnen nicht so weit gebracht, wie man dort wollte, nicht so weit im Lesen, nicht so weit im Schreiben. Und man schrieb uns: Mit der Eurythmie und mit dem Malen und mit all dem, was er da kann, weiß man nichts anzufangen!

Also, man muss die Kinder, wenn man sie der Menschenerkenntnis nach lebensgemäß erzieht, man muss sie zu einer Zeit zum fertigen Lesen, Schreiben und so weiter bringen, wie man es heute verlangt. Und so ist auch eine ganze Menge notwendig, an die Kinder heranzubringen, was einfach den heutigen Gewohnheiten gemäß verlangt wird. Daher sind wir natürlich auch in der Waldorfschule genötigt, manches an die Kinder heranzubringen, was wir nicht für so geartet halten, dass es aus einer wirklichen Menschenerkenntnis fließt. Trotzdem versuchen wir, so weit wie möglich die Kinder an das Leben heranzubringen.

So hätte ich, wenn das durchführbar wäre, sehr gerne einen Schuster als Lehrer angestellt. Das lässt sich nicht durchführen, weil sich das nach den heutigen Anforderungen nicht in den Lehrplan eingliedern lässt. Aber als Beispiel, damit das Kind lernt, Schuhe zu machen, und nicht nur theoretisch, sondern aus dem Handgriff weiß, was dazu gehört, Schuhe zu machen, hätte ich sehr gern von Anfang an in der Waldorfschule unter der Lehrerschaft auch einen Schuster gehabt. Aber es ging nicht, weil man heute mit den Behörden nicht zurechtkommt. Mit dem Leben würde man gerade dadurch zurechtkommen. Also wir versuchen, die Kinder zu praktischen Arbeitern zu machen.

Und Sie können sehen, wenn Sie in die Waldorfschule kommen, wie die Kinder ganz schön Bücher einbinden, allerlei Kartons machen und so weiter, wie sie auch angeleitet werden, künstlerisch Handarbeiten zu machen, wie bei uns der weibliche Handarbeitsunterricht nicht so erteilt wird, wie man auf diesen weiblichen Handarbeitsunterricht sieht, wie man heute die Dinge sieht, die von Frauen als sogenannte Kleider getragen werden.

Da gibt es keinen Unterschied zwischen etwas, was man hier oben trägt, was man als Gürtel trägt, und was man unten als Besatz trägt. Es wird nicht darauf gesehen, dass in der entsprechenden Weise etwas, was man oben am Hals trägt, den Charakter dessen tragen muss, dass es oben am Hals getragen werden muss – es ist nur schematisch gezeichnet (s. Klartextnachschrift unten). Es wird nicht darauf gesehen, dass man etwas, was man am Gürtel trägt, ansieht, da ist oben etwas, da ist unten etwas, und so weiter.

Oder man lässt die Kinder niemals bei uns ein Kissen machen, das auf der einen und auf der anderen Seite gleich ist, sondern man sieht dem Kissen an, wo man sich darauflegt. Man sieht dem Kissen auch an, dass ein Unterschied ist zwischen oben und unten, und so weiter. Also es wird das Leben auch in all das hineingewirkt und hineingewoben, was gemacht wird. Und daran lernen die Kinder sehr viel. Und so suchen wir auch wiederum die Kinder in das Leben hineinzustellen.

Das versuchen wir in allen Einzelheiten, zum Beispiel durch das Zeugniswesen. Ich habe mir nie im Leben einen

und unten als Besatz trägt. Es wird nicht darauf gesehen, dass in der entsprechenden Weise etwas, was man oben am Hals trägt, den Charakter dessen tragen muss, dass es oben am Hals getragen werden muss, - es ist nur schematisch

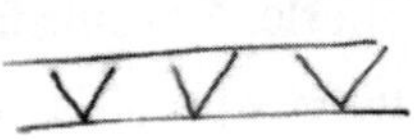

gezeichnet. Es wird nicht darauf gesehen, dass man etwas, was man am Gürtel trägt, ansieht, da ist oben etwas, da ist unten etwas, usw.

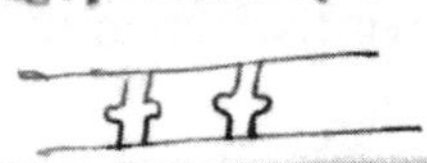

Begriff davon verschaffen können, was das heißt, dass die Fähigkeiten eines Kindes der Note 2 oder 3 oder 2½ entsprechen. Ich weiß nicht, ob man das auch in England macht, dass man bei den Zeugnissen Zahlen oder Buchstaben gibt? (Zuhörer: Buchstaben!) Also, man gibt hier Buchstaben, die andeuten sollen, was das Kind kann. Es hat die Fähigkeit B oder C. In Mitteleuropa gibt man 3 oder 4.

Solche Zeugnisse geben wir nicht, sondern bei uns kennt jeder Lehrer jedes Kind und beschreibt es im «Zeugnis», beschreibt mit seinen eigenen Worten, was es in seinen Fähigkeiten leistet – in seinen Fähigkeiten und in seinem Fortschritt. Und dann geben wir jedem Kind jedes Jahr in dieses Zeugnis hinein einen Lebensspruch, der ihm im nächsten Jahr ein Geleitwort sein kann. So sieht das Zeugnis aus. Zunächst steht da der Name des Kindes, dann ein Lebensspruch – und dann charakterisiert der Lehrer, ohne stereotype Buchstaben oder Zahlen, einfach wie das Kind beschaffen ist, wie das Kind in den einzelnen Lehrgegenständen vorwärtsgekommen ist. Sodass das Zeugnis immer eine Darstellung ist.

An diesen Zeugnissen haben die Kinder immer eine große Freude, und es bekommen auch die Eltern eine richtige Vorstellung von dem, wie sich das Kind in der Schule verhält.

Großen Wert legen wir darauf, dass wir in Bezug auf jedes Kind mit dem Elternhaus in Kontakt stehen, sodass man von der Schule aus durch das Kind auf das Elternhaus hinaussieht. Dadurch wird einem das Kind erst verständlich, dadurch weiß man auch, wie man jede Eigenschaft bei dem Kind zu behandeln hat. Es ist nicht so, dass, wenn man an dem Kind eine Eigenschaft bemerkt, das dasselbe ist, wie wenn man diese Eigenschaft an einem anderen Kind bemerkt, denn dieselbe Eigenschaft bedeutet bei dem einen Kind etwas ganz anderes als bei dem anderen Kind.

Sagen wir zum Beispiel, ein Kind zeigt eine gewisse Aufgeregtheit, ein anderes Kind zeigt auch eine Aufgeregtheit. Es kommt nicht bloß darauf an, dass man weiß, das Kind ist aufgeregt und man soll zu seiner Beruhigung etwas beitragen, sondern es kommt darauf an, dass man bei dem einen Kind findet: Es ist aufgeregt, weil es einen aufgeregten Vater hat und den imitiert; das andere Kind ist aufgeregt, weil es ein schlechtes Herz hat, herzkrank ist. So muss man überall auf das eingehen können, was an besonderen Eigenschaften zugrunde liegt.

Und dazu sind gerade die Lehrerkonferenzen da. Die sind dazu da, den Menschen zu studieren und dadurch in der Menschenkunde einen fortlaufenden Strom durch die Schule fließen zu lassen. Man studiert die Schüler in den Lehrerkonferenzen. Dadurch ergibt sich alles andere, was man braucht, schon von selbst. Das Wesentliche ist, dass die Lehrerkonferenzen ein fortlaufendes Studium, ein fortdauerndes Studium sind. Das sind so die Bedingungen, die ich Ihnen für die praktische Einrichtung sagen wollte.

Es würde sich natürlich noch manches sagen lassen, wenn wir diesen Kursus mehrere Wochen hindurch fortsetzen könnten. Aber das können wir nicht. Daher werde ich Sie bitten, morgen, wenn wir wieder zusammenkommen, das, was Sie auf dem Herzen haben, in Form von Fragen zu stellen, sodass wir dann die morgige Stunde dazu benutzen, dass Sie Fragen stellen und ich Ihnen diese Fragen beantworten kann.

Fragenbeantwortung

Torquay, 20. August 1924

Die erste Frage, die gestellt ist, lautet:

Was ist in dieser Unterrichtsmethode eigentlich der Unterschied zwischen Multiplizieren und Dividieren? Oder soll es in den ersten Schuljahren überhaupt keinen solchen Unterschied geben?

Die Frage geht wahrscheinlich daraus hervor, dass ich gesagt habe, man soll das Multiplizieren so treiben, dass zum Vorschein kommt der sogenannte Multiplikand, ein Faktor – nicht das Produkt –, und dass der andere Faktor gesucht wird. Das gibt natürlich im gewöhnlichen Sinne des Wortes eine Division, das sieht man als Division an.

Man kann, wenn man sich nicht zu stark an Worte hält, dementsprechend das Dividieren in der folgenden Weise auffassen, man kann sagen: Wenn man ein Ganzes in einer gewissen Weise teilt, wie viel beträgt dann der Teil? Und man hat nur in anderer Auffassung dasselbe wie bei der Frage: Mit was muss man eine Zahl vervielfältigen, multiplizieren, damit man eine gewisse Zahl bekommt?

Wenn man also die Frage auf das Teilen hinorientiert, hat man es mit einer Division zu tun; wenn man die Frage auf das Vervielfältigen hinorientiert, hat man es mit einer Multiplikation zu tun. Und gerade die innige Verwandtschaft im Denken, die zwischen der Multiplikation und der Division besteht, die kommt dabei zum Vorschein.

Das Kind soll aber frühzeitig darauf hingewiesen werden, dass es eine zweite Möglichkeit gibt, die Division aufzufassen. Die eine Möglichkeit ist die, die ich jetzt angedeutet habe. Da untersucht man, wie groß der Teil ist, wenn ich ein Ganzes in eine bestimmte Anzahl von Teilen gliedere (Tafel S. 119, Rechtecke links oben?). Da gehe ich von dem Ganzen aus und suche den Teil. Das ist die eine Art der Division.

Die andere Art ist die, wenn ich von dem Teil ausgehe und suche, wie oft der Teil in dem Ganzen drinsteckt. Dann ist die Division nicht ein Teilen, sondern ein Messen. Und dieser Unterschied zwischen Teilen und Messen soll möglichst bald, ohne dass man eine pedantische Terminologie braucht, dem Kind beigebracht werden. Dann hört das Dividieren und Multiplizieren auf, etwas bloß formal Rechnerisches zu sein, wie es sehr häufig ist, und wird an das Leben angelehnt.

So werden Sie eigentlich für die ersten Schuljahre nur in der Ausdrucksweise einen Unterschied zwischen Multiplizieren und Dividieren haben können. Aber man soll auch bemerklich machen, dass dieser Unterschied ein viel kleinerer ist als der zwischen Subtrahieren und Addieren. Und gerade darauf kommt es sehr stark an, dass solche Dinge dem Kind eingehen.

Man kann also nicht sagen, dass in den ersten Schuljahren überhaupt kein Unterschied gemacht werden soll; aber er soll so gemacht werden, wie ich ihn jetzt angedeutet habe.

In welchem Alter und wie soll man vom Konkreten zum Abstrakten in der Rechnung übergehen?

Über diese Frage ist so zu denken: Man soll versuchen, im Rechnen alles im Konkreten zu halten und vor allen Dingen bis zu dem Lebenspunkt zwischen dem 9. und 10. Jahr ganz von aller Abstraktion absehen. Bis dahin soll man versuchen, so weit im Konkreten zu bleiben, als es nur irgend möglich ist, also alles an das Leben unmittelbar anknüpfen.

Dann, wenn man das durch zwei bis zweieinhalb Jahre getan hat und darauf gesehen hat, nicht mit abstrakten Zahlen zu rechnen, sondern mit konkreten Tatsachen, die in Rechenform gebracht werden, dann wird man sehen, dass gerade beim Rechnen der Übergang ins Abstrakte außerordentlich leicht ist. Er ist leicht aus dem Grund, weil man in dem Kind durch eine solche Behandlungsweise der Zahl ein solches Leben in den Zahlen hervorgebracht hat, dass man dann leicht zu der abstrakten Behandlung von Addition, Subtraktion und so weiter übergehen kann.

Es wird sich also darum handeln, dass man den Übergang vom Konkreten zum Abstrakten möglichst verschiebt bis zu dem Lebenspunkt, den ich da zwischen dem 9. und 10. Lebensjahr angegeben habe. Eine große Hilfe für den Übergang vom Konkreten ins Abstrakte beim Rechnen ist das Rechnen da, wo man es am meisten im Leben braucht: beim Bezahlen, beim Geldausgeben.

Und da sind Sie hier in einer günstigeren Lage als wir drüben auf dem Kontinent, denn wir drüben auf dem Kontinent haben in Bezug auf alles das Dezimalsystem. Sie haben hier mit Ihrem Geld noch ein sympathischeres System als das Dezimalsystem. Ich weiß nicht, ob Sie es als sympathischer empfinden, aber wenn Sie es nicht als sympathischer als das Dezimalsystem empfinden würden, so wäre das krankhaft. Gesund ist lediglich dies, ein möglichst konkretes Zahlensystem im Geld zu haben.

Sie zählen hier noch nach dem 12er- und 24er-System, was wir, wie man sagt, schon «überwunden» haben auf dem Kontinent. Das Dezimalsystem werden Sie wohl beim Messen auch schon haben? (Ein Teilnehmer sagt, dass man es im allgemeinen Leben nicht hat, nur im Wissenschaftlichen.) Also auch da haben Sie noch das sympathischere Messsystem. Das sind Dinge, die alles eigentlich im Konkreten erhalten. Nur im Zahlenschreiben haben Sie auch das Dezimalsystem.

Worauf beruht dieses Dezimalsystem? Es beruht darauf, dass man es ursprünglich naturgemäß hat. Ich habe Ihnen gesagt, nicht der Kopf bildet die Zahl, sondern der ganze Körper bildet die Zahl. Der Kopf spiegelt nur die Zahl ab, und es ist natürlich, dass man 10 oder höchstens 20 als Zahl wirklich hat. Nun hat man zunächst die Zahl 10, weil man 10 Finger hat. Wir schreiben überhaupt nur von 1 bis 10, dann beginnen wir die Zahlen wie ein konkretes Ding zu behandeln.

Schreiben wir zum Beispiel einmal: «Zwei Esel» (s. Tafelzeichnung S. 119, rechts oben). Da ist der Esel ein konkretes Ding und 2 ist die Zahl. Ich könnte ebenso gut 2 Hunde sagen. Aber wenn Sie 20 schreiben, so ist das auch nichts anderes als 2 mal 10 («20 = 2. Zehn»). Da ist 10 wie ein konkretes Ding behandelt. Und so beruht unser Zahlensystem darauf, dass wir von da an, wo uns die Geschichte schwummrig wird, wo wir die Sache nicht mehr überschauen, dass wir von da an anfangen, die Zahl selbst als etwas Konkretes zu behandeln und sie dann wiederum abstrahieren. Wir würden gar nicht vorwärtskommen im Rechnen, wenn wir nicht die Zahl selbst, gleichgültig was sie ist, als ein konkretes Ding behandeln würden und sie wiederum abstrahieren würden.

100 ist nur 10 mal 10 («10 × 10»). Ob ich 10 mal 10 habe und als 100 behandle, oder ob ich 10 mal 10 Hunde habe, es ist eigentlich dasselbe, einmal als konkretes Ding die Hunde, das andere Mal die Zahl 10. So ist gerade das Geheimnis des Rechnens, dass man die Zahl selbst wiederum als etwas Konkretes behandelt. Und wenn Sie dies bedenken, so werden Sie finden, dass auch im Leben ein Übergang stattfindet.

Man spricht von 2 Zwölfen, 2 Dutzend gerade so, wie man von 2 Zehnern spricht. Nur hat man für die Zehn nicht eine solche Benennung, weil das Dezimalsystem schon unter den Auspizien der Abstraktheit gefasst worden ist. Alle anderen Systeme, die fassen noch in viel konkreterer Weise eine Quantität auf, ein Dutzend, ein Schilling. Wie viel ist ein Schilling? Ein Schilling ist 12 Pence hier. Ein Schilling ist aber unter Umständen eine Quantität von 30 Stück, und das fasst man als eine Einheit auf.

In dem Dorf, wo ich lange Zeit gelebt habe, da war es so, dass längs der Dorfstraße auf beiden Seiten Häuser waren. Überall waren Nussbäume davor. Und wenn der Herbst gekommen ist, haben die Buben die Nüsse herabgeworfen und sie für den Winter aufbewahrt. Und wenn sie dann in die Schule kamen, dann renommierten sie. Der eine sagte: «Ich habe schon 5 Schilling Nüsse!», der andere sagte: «Ich habe schon 10 Schilling Nüsse!». Sie betrachteten die konkreten Dinge, ein Schilling, das waren immer 30 Stück. Die Bauern, die mussten nur sehen, dass sie noch ihre Nüsse ernteten, bevor die gesamten Bäume von Nüssen befreit waren. Ein «Nuss-Schilling», so sagte man auch, als eine Einheit. Diese sich zu erkaufen, war ein Recht, es geschah unter aller Augen.

Und so kann man gerade, indem man dieses Zählen mit Konkretem benutzt – ein Dutzend, zwei Dutzend, ein Paar, zwei Paar und so weiter – den Übergang vom Konkreten ins Abstrakte finden. Man sagt auch nicht 4 Handschuhe, sondern 2 Paar Handschuhe, nicht 4 Schuhe, sondern 2 Paar Schuhe. Indem man das benutzt, kann man den Übergang vom Konkreten ins Abstrakte machen und auf diese Weise alles langsam vorbereiten. Und man geht dann erst zwischen dem 9. und 10. Lebensjahr zu der abstrakten Zahl über.

Wann und wie sollte man Zeichenunterricht erteilen?

Beim Zeichenunterricht handelt es sich darum, dass man die Frage ein wenig ins künstlerische Licht rückt. Sie müssen bedenken, dass Zeichnen eine Art von Verlogenheit ist. Denn, was bedeutet Zeichnen? Zeichnen bedeutet etwas durch Striche darstellen. In der Wirklichkeit gibt es aber gar keine Striche.

Es gibt in Wirklichkeit das zum Beispiel: Hier ist das Meer, es stellt sich als Farbe dar (s. Tafelzeichnung S. 119, grün). Darüber ist der Himmel, er stellt sich wieder als Farbe dar (blau). Bringt man die beiden Farben hin, dann hat man unten das Meer, oben den Himmel. Der Strich macht sich von selbst da, wo die Farben aneinander grenzen. Zu sagen, hier grenzt der Himmel an das Meer, ist schon eine sehr bedeutsame Abstraktion. Daher wird man künstlerisch das Gefühl haben, man soll die Wirklichkeit so darstellen, dass man sie in Farben, oder meinetwillen auch in Hell-Dunkel, erfasst.

Was ist denn vorhanden, wenn ich ein Gesicht (oben ganz rechts) darstelle? Ist das denn jemals vorhanden? Gibt es so etwas? So etwas gibt es gar nicht. Dasjenige, was es gibt, ist dieses (schraffiert). Und so weiter. Es gibt gewisse Flächen in Hell-Dunkel, und daraus wird dann ein Gesicht. Linien hinzumachen und daraus ein Gesicht zu bilden, ist eine Verlogenheit. Das gibt es gar nicht.

Wenn man künstlerisch empfindet, wird man überall ein Gefühl dafür bekommen, aus dem Schwarz-Weiß oder aus der Farbe herauszuarbeiten, was da ist. Die Linien kommen dann von selbst. Erst wenn einer hergeht und dem, was sich ihm im Hell-Dunkel oder in den Farben zeigt, wenn er den Grenzen der Farben, die sich von selbst ergeben, nachfährt, dann entstehen die zeichnerischen Linien.

Daher darf der «Zeichenunterricht» nicht von dem Zeichnen ausgehen, sondern er muss von dem Geben der Farbe und vom Hell-Dunkel ausgehen. Der Zeichenunterricht als solcher hat einen realen Wert nur dann, wenn er mit dem Bewusstsein entwickelt wird, dass er nichts Reales gibt.

Es hat ungeheuren Unfug in unserer ganzen Denkweise bewirkt, dass die Menschen so viel auf das Zeichnen gegeben haben. Dadurch ist all das entstanden, was man in der Optik hat, wo man ewig Linien aufzeichnet, die «Lichtstrahlen» sein sollen. Ja, wo gibt es denn solche Lichtstrahlen in Wirklichkeit? Nirgends! Was man in der Wirklichkeit hat, das sind Bilder. Man macht irgendwo ein Loch in der Wand, die Sonne scheint herein und auf einem Schirm bildet sich ein Bild (s. Tafel S. 119, links unten). Man kann im Zimmer höchstens im Staub Bilder sehen – und je schmutziger das Zimmer ist, desto mehr kann man nach dieser Richtung sehen –, wieder Bilder sehen, die das Licht aus den Staubkörnchen hervorruft.

Aber was man da gewöhnlich als Linien, als sogenannte Lichtstrahlen, zeichnet, das ist nur hinzugedacht. Alles, was gezeichnet wird, ist nur gedacht. Und erst, wenn man beginnt, so etwas wie Perspektive dem Kind beizubringen, wobei man schon in der Art und Weise des Erklärens direkt die Abstraktheit hat, kann man anfangen, das Visieren, das Sehen in Linien darzustellen.

Aber man soll nicht das Kind lehren, durch Striche ein Pferd zu zeichnen oder einen Hund, sondern das Kind soll den Pinsel nehmen und soll den Hund malen, hinmalen – also jedenfalls nicht zeichnen. Die Grenze vom Hund ist gar nicht vorhanden. Wo ist sie? Sie ergibt sich von selbst, wenn man das zu Papier bringt, was da ist.

Unsere Waldorfschule wird jetzt nicht nur von den Kindern gesucht, sondern sogar von den Lehrern. Es möchten sehr viele Menschen, die in der Welt draußen Lehrer sind, auch in der Waldorfschule angestellt werden, weil es ihnen da besser gefällt. Da sind in der letzten Zeit recht viele Leute an mich herangekommen und haben sich in der Art präsentiert, wie sie durch die Seminare vorbereitet sind, um Lehrer zu sein. Man bekommt einen kleinen Schreck auch schon vor den Geschichtslehrern, den Sprachlehrern und so weiter, aber das Schrecklichste sind die Zeichenlehrer, denn die betreiben ein Handwerk, das es überhaupt nicht gibt für ein künstlerisches Empfinden. Das gibt es gar nicht.

Und die Folge davon ist – ich nenne keine Namen, deshalb kann ich unbefangen sprechen –, dass man mit den Zeichenlehrern kaum reden kann, denn das sind so vertrocknete Menschen, so schrecklich unmenschliche Menschen. Sie haben gar keine Idee von einer Wirklichkeit. Dadurch, dass sie das Zeichnen als Beruf haben, sind sie aus jeder Wirklichkeit herausgekommen. Es ist schrecklich, mit ihnen zu reden, ganz abgesehen davon, dass sie in der Schule das Zeichnen lehren wollen, das wir in der Waldorfschule gar nicht eingeführt haben.

Aber auch die Seelenkonfiguration dieser Menschen, die diese unwirkliche Kunst des Zeichnens treiben, ist eine ganz merkwürdige. Die Leute haben nie Flüssigkeit auf der Zunge. Schrecklich ist es, wie die Zeichenlehrer allmählich werden, bloß weil sie etwas ganz Unwirkliches treiben. Die gestellte Frage möchte ich dadurch beantworten, dass gesagt wird: Es soll womöglich überall vom Malen und nicht vom Zeichnen ausgegangen werden. Das ist das Wesentliche.

Ich will die Frage noch etwas deutlicher erläutern, damit Sie die Sache nicht missverstehen. Sie könnten sonst glauben, dass ich etwas persönlich gegen Zeichenlehrer hätte. Ich möchte noch Folgendes sagen. Da sitzt irgendeine Kinderschar. Da scheint von dieser Seite die Sonne herein, so sage ich zu dieser Kinderschar. Diese Sonne, die fällt da auf etwas, macht allerlei Lichter, überall Lichter (s. Tafelzeichnung S. 120, Baum). Ich sehe lichte Flecken. Das Sonnenlicht fällt da überall auf, überall. Weil die Sonne so herscheint, sehe ich da überall lichte Flecken. Da sehe ich Dunkles (blau). Das Dunkle sehe ich aber auch da unter den lichten Flecken, nur so, ganz wenig. Dann sehe ich auf etwas, was, wenn das Licht so darauffällt, sich im Grünlichen darstellt. Grünlich stellt es sich dar. Da fällt wieder das Licht darauf, das wird weißlich. Aber dann, bevor der richtige schwarze Schatten kommt, da sehe ich es grünlich, und hier unterhalb des schwarzen Schattens ist auch Grünliches. Und dann sind solche merkwürdigen Dinge dazwischen. Da will das Licht nicht recht hinein.

Sehen Sie, jetzt habe ich von Licht und Schatten gesprochen und davon, dass da etwas ist, wo das Licht nicht angreift – und ich habe einen Baum gemacht. Man kann doch den Baum nicht zeichnen, man kann nur Licht und Schatten und Grün und höchstens noch, wenn die Früchte schöne Äpfelchen sind, Gelbes da hineinsetzen meinetwillen. Aber man soll von Farbe und Licht und Schatten sprechen. Man soll von dem sprechen, was wirklich da ist: nur von Farbe und Licht und Schatten.

Zeichnen soll man nur in der Geometrie und in dem, was mit der Geometrie zusammenhängt. Da hat man es mit Linien zu tun. Das ist aber auch etwas Gedachtes. Realitäten, konkrete Realitäten soll man aber nicht mit der Feder zeichnen, sondern man soll einen Baum zum Beispiel aus Hell-Dunkel und aus den Farben entstehen lassen. Das ist das, was im Leben drinsteht.

Es wäre zum Beispiel eine Barbarei, wenn ein richtiger Zeichenlehrer käme und den gemalten Baum hier mit den Linien nachmachen ließe. In Wirklichkeit sind da helle Flecken und dunkle Flecken, das macht die Natur. Würde einer da Linien zeichnen, so wäre das eine Verlogenheit.

Soll man die direkte Methode ohne Übersetzen auch für Latein und Griechisch anwenden?

Mit Latein und Griechisch ist in dieser Beziehung eine Ausnahme zu machen. Latein und Griechisch brauchen nicht an das Leben angepasst zu werden, denn diese Sprachen leben nicht mehr. Wir haben sie nur als tote Sprachen unter uns vorhanden.

Sodass beim Unterricht im Lateinischen und Griechischen – eigentlich sollte man mit dem Griechischen beginnen und es ins Lateinische hinein fortsetzen –, sodass bei diesem Unterricht, der übrigens nicht gleich beim Kind eintreten kann, sondern erst im späteren Lebensalter, die Übersetzungsmethode berechtigt ist. Wir haben es nicht damit zu tun, dass wir uns im Lateinischen und Griechischen unterhalten, sondern damit, die alten Autoren zu verstehen. Wir wenden diese Sprachen im eminentesten Sinne an, um gerade das Übersetzen zu betreiben.

Wann gebraucht man Latein? Als Arzt gebraucht man Latein. Und warum heute noch? Das ist aus dem Fortsetzen eines alten Gebrauchs hervorgegangen. Alte Gebräuche erben sich fort, ohne dass man weiß, was für einen Sinn sie haben. So ist es mit vielen Dingen, zum Beispiel mit Orden und Ehrenzeichen. Sie hatten seinerzeit eine große

Bedeutung, waren auch tief symbolische Zeichen. Aber heute kann man das nicht mehr sagen. Sie haben sich fortgeschleppt als Gewohnheiten.

Und so ist es auch damit, dass zum Beispiel der Arzt immer noch ein Interesse daran hat, dass er sich am Krankenbett mit einem anderen unterhalten kann und die Dinge benennen kann, ohne dass er den Kranken beunruhigt, also eine Sprache gebraucht, die der Kranke nicht versteht. Da denkt man daran, das ins Lateinische umzusetzen, was man denkt. Und so ist es auch, dass wir in Griechisch und Latein nicht dieselbe Methode gebrauchen, die wir aber bei allen lebenden Sprachen anwenden.

Jetzt kommt wieder die Frage, die jedes Mal bei meiner Anwesenheit in England, wenn von Pädagogik die Rede ist, gestellt wird:

Wie soll man Turnunterricht treiben, und soll man in einer englischen Schule Sport treiben, zum Beispiel Hockey, Cricket und so weiter, und wie?

Es ist nicht die Absicht der Waldorfschul-Methode, diese Dinge zu unterdrücken. Sie können schon betrieben werden, einfach weil sie im englischen Leben eine große Rolle spielen und das Kind ins Leben hineinwachsen soll. Nur soll man sich nicht der Illusion hingeben, dass das eine andere Bedeutung hat, als eben diese, dass man das Kind nicht weltfremd machen soll.

Zu glauben, dass der Sport für die Entwicklung des Kindes einen furchtbar großen Wert hat, das ist ein Irrtum. Er hat nicht den großen Wert für die Entwicklung, er hat nur einen Wert, weil er eine beliebte Mode ist, und man soll das Kind nicht zum Weltfremdling machen und es von allen Moden ausschließen. Man liebt den Sport in England, also soll man das Kind auch in den Sport einführen. Man soll sich nicht philiströs gegen das stemmen, was philiströs ist.

Und in Bezug auf das Wie – wie das gelehrt werden soll –, da wird außerordentlich wenig zu sagen sein, denn das ergibt sich bei diesen Dingen mehr oder weniger dadurch, dass man es vormacht und das Kind nachmachen lässt. Da besondere künstliche Methoden auszusinnen, das wäre etwas, was wenig sachgemäß wäre.

Im Turn-, also im Gymnastikunterricht, da handelt es sich darum, dass man aus der Anatomie und der Physiologie erfährt, in welche Lage irgendein Glied des Organismus gebracht werden soll, damit es der Leichtigkeit des Organismus dient. Da handelt es sich darum, dass gefühlt wird, was den Organismus geschickt, leicht, beweglich macht. Und dann, wenn man das fühlt, dann handelt es sich auch nur um das Vormachen.

Nehmen Sie an, Sie haben ein Reck (s. Tafelzeichnung S. 120, rechts oben). Gewöhnlich werden alle möglichen Übungen daran gemacht. Aber die fruchtbarste Übung am Reck wird gewöhnlich nicht gemacht. Sie besteht darin, dass man am Reck eingehäkelt hängt, dann schwingt und das Reck so erfasst, dann wiederum zurück, dann wieder so erfasst. Man springt nicht, sondern man hängt am Reck, fliegt durch die Luft, macht die verschiedenen Bewegungen, fasst das Reck so und wieder so, und dadurch kommt eine Abwechslung in der Konfiguration der Armmuskeln zustande, die auf den ganzen Organismus in gesundender Weise einwirkt.

Man muss studieren, welche Bewegungen, welche inneren Bewegungen der Muskeln auf den Organismus gesund wirken, und dann bekommt man heraus, welche Bewegungen man lehren soll. Und dann braucht man sie einfach vorzumachen. Die Methode besteht da im Vormachen.

Wie soll der Religionsunterricht in den verschiedenen Lebensaltern erteilt werden?

Da ich immer nur vom Praktischen aus spreche, so muss ich sagen: Die Waldorfschul-Methode ist eine Erziehungsmethode, nicht etwas, was eine Weltanschauung oder etwas Sektiererisches in die Schule hineintragen soll. So kann ich auch da nur aus dem Leben über die Waldorfschul-Methode selbst sprechen.

Wir haben es verhältnismäßig leicht gehabt in Württemberg, wo noch ein ganz liberales Schulgesetz war, als die Waldorfschule eingerichtet worden ist. In Württemberg hat man uns wirklich großes Entgegenkommen vonseiten der Behörden gezeigt. Es war sogar möglich, dass ich darauf bestehen konnte, selbst die Lehrer anzustellen, ohne Rücksicht darauf zu nehmen, ob sie irgendein staatliches Examen gemacht hatten oder nicht. Ich meine nicht, dass jeder ungeeignet ist zum Lehrer, der ein staatliches Examen macht, das will ich nicht sagen, aber ich sehe in einem staatlichen Examen keine Bedingung dafür, dass man in der Waldorfschule Lehrer werden kann. Und so ist es immer in dieser Beziehung recht gut gegangen.

Aber eines war doch notwendig, schon bei der Einrichtung, dass wir uns ganz entschieden auf den Standpunkt gestellt haben: Wir haben eine Methodenschule. Wir mischen uns nicht in das hinein, wie das soziale Leben gegenwärtig ist, sondern wir finden durch Anthroposophie die beste Methode zu lehren, haben also eine reine Methodenschule.

Daher habe ich die Sache so eingerichtet, dass der Religionsunterricht von vornherein nicht in unseren Schullehrplan einbezogen worden ist, sondern dass der katholische Religionsunterricht dem katholischen Priester, der evangelische Religionsunterricht dem evangelischen Pfarrer und so weiter übergeben wurde.

In den ersten Jahren kamen die meisten Schüler aus einer Fabrik, aus der Molt'schen Fabrik. Da kamen viele Dissidentenkinder, Kinder von religionslosen Eltern. Da verlangte aber natürlich unsere pädagogische Gewissenhaftigkeit, ihnen auch einen gewissen Religionsunterricht zu geben. Für diese Kinder haben wir einen «freien Religionsunterricht» eingerichtet. Sodass wir eine Methode für diesen freien Religionsunterricht haben.

Für diesen freien Religionsunterricht lehren wir zunächst Dankbarkeit beim Betrachten aller Dinge der Natur. Während man sonst in Legenden, Mythen einfach erzählt, was die Dinge treiben, was Steine, Pflanzen und so weiter treiben, handelt es sich da darum, den kindlichen Blick auf das Empfinden des Göttlichen in allen Dingen hinzulenken. Also wir beginnen mit einer Art religiösem Naturalismus in kindlicher Form.

Das Kind versteht von den Evangelien nichts vor dem Zeitpunkt zwischen dem 9. und 10. Jahr, den ich angegeben habe. Erst da kann man dann auf die Evangelien übergehen, später auf das Alte Testament. Also es kann sich nur darum handeln, den Kindern zunächst im Allgemeinen eine Art Naturreligion beizubringen. Für die haben wir dann unsere Methode. Eine vorgeschriebene Religion würde natürlich auch in ähnlicher Weise vorgehen müssen. Sie würde das benutzen müssen, was diese vorgeschriebene Religion positiv hat, um es in einer allgemeineren Weise, noch ohne Anlehnung an die biblische Geschichte, dem Kind zunächst beizubringen.

Dann, zwischen dem 9. und 10. Jahr erst sollte man auf die Evangelien übergehen, und erst viel später auf das Alte Testament, erst vom 12., 13. Jahr an. So würde man sich den freien Religionsunterricht zu denken haben.

Um den katholischen und evangelischen Unterricht kümmern wir uns nicht, den lassen wir den katholischen und evangelischen Pfarrer erteilen. Für den freien Religionsunterricht haben wir auch an jedem Sonntag eine Art Kultus. Ein besonderer Kultus ist vorhanden für alle, wieder ein besonderer Kultus ist vorhanden für diejenigen, die mit dem 14. Jahr die Schule verlassen. Was da an Kultus gemacht wird, das hat sich im Laufe der Jahre praktisch ergeben. Er dient zur Vertiefung des religiösen Gefühls, und wird von den Kindern außerordentlich weihevoll empfunden.

Wir lassen bei diesem Kultus auch die Eltern beiwohnen, und es hat sich herausgestellt, dass das in einer außerordentlich günstigen Weise zur Wiederbelebung des Christentums dient, dieser freiwillige Religionsunterricht. Es ist gutes Christentum in der Waldorfschule, weil durch diese naturalistische Religion in den ersten Jahren das Kind allmählich hinaufgehoben wird zum Begreifen des Christus-Geheimnisses in den höheren Klassen.

Es ist unser freier Religionsunterricht allmählich wirklich überlaufen von Teilnehmern. Es kommen alle möglichen Kinder herüber von dem evangelischen Pfarrer und dem katholischen Priester. Aber wir treiben keine Agitation. Wir können ohnehin schwer gerade Religionslehrer finden, und deshalb sehen wir es nicht einmal besonders gern, wenn zu viele Kinder herüberkommen, auch schon deshalb nicht, damit die Schule nicht in den Geruch kommt, eine anthroposophische Konfessionsschule zu sein. Das wollen wir nicht. Nur unser pädagogisches Gewissen hat uns gedrängt, diesen freien Religionsunterricht einzuführen.

Aber die Kinder laufen davon im katholischen und evangelischen Religionsunterricht, kommen immer mehr herüber und wollen den freien Religionsunterricht haben. Er gefällt ihnen besser. Das ist nicht unsere Schuld, dass sie dort davonlaufen. Ich sehe nicht, dass es unsere Schuld ist, dass sie zu uns kommen. Aber, wie gesagt, prinzipiell war die Einrichtung so: Der Religionsunterricht wurde von den betreffenden Pfarrern zunächst gegeben. Wenn Sie also fragen, was wir für einen Religionsunterricht haben, so kann nur das von mir vertreten werden, was als freier Religionsunterricht bei uns ist und was ich eben geschildert habe.

Sollen die Gegenstände des Epochenunterrichts in einer bestimmten Reihenfolge genommen werden?

Das ist natürlich etwas, worüber viel diskutiert werden könnte, aber einen großen praktischen Wert würde das nicht haben. Es wird sich in den ersten Klassen um nicht viel anderes handeln, als dass man Epochen abwechseln lässt mehr für den Unterricht, der im Schreiben, dann beim allmählichen Übergang in das Lesen erteilt wird, dann Rechnen und weniges andere. Man wird finden, ob man die Dinge in der einen oder in der anderen Reihenfolge nimmt, dass es keine große Bedeutung hat. Sodass wir bisher wenigstens in unseren Erfahrungen nicht irgendwie Veranlassung gesehen haben, auf eine solche Reihenfolge besonders Rücksicht zu nehmen.

Soll man in einer englischen Schule Französisch und Deutsch von Anfang an unterrichten? Wenn die Kinder mit 5 oder 6 Jahren in die Schule kommen, in eine Art Kindergartenklasse, soll man diesen auch Sprachunterricht erteilen?

Da möchte ich zunächst bemerken: Ob man in einer englischen Schule Französisch und Deutsch von Anfang an unterrichten soll, das ist, glaube ich, nur aus reinen Opportunitätsgründen zu entscheiden. Wenn man findet, dass das Leben es notwendig macht, gerade diese Sprachen zu betreiben, so soll man es tun. Wir haben in der Waldorfschule Französisch und Englisch eingeführt aus dem Grund, weil am Französischen noch viel innerlich gelernt werden kann, was an einer anderen Sprache nicht gelernt werden kann, ein gewisses rhetorisches Gefühl, was ganz gut ist, wenn es da ist. Und Englisch aus dem Grund, weil es Weltsprache ist und immer mehr Weltsprache werden wird.

Ich möchte das nicht entscheiden, ob in englischen Schulen Französisch und Deutsch gelehrt werden soll, sondern man soll sich danach richten, wie es die Lebensverhältnisse notwendig machen. Es ist gar nicht so wichtig, welche anderen Sprachen man wählt, sondern dass überhaupt andere Sprachen getrieben werden.

Ebenso wird es gut sein – wenn man die Kinder im 5. und 6. Jahr schon in die Schule bringt, was man nicht tun sollte –, wenn man mit ihnen schon Sprachen treibt. Das gehört in dieses Lebensalter. Sprachen kann man auch vor dem Zahnwechselzeitalter betreiben. Schulmäßig es betreiben, das sollte man aber erst nach dem Zahnwechsel. Wenn schon die Kinder in eine Art Kindergartenklasse gebracht werden, sollte man dies dazu benutzen, um ihnen gerade Sprachunterricht beizubringen und womöglich den anderen Unterricht hinausschieben, bis der Zahnwechsel eintritt.

Ich möchte, was Ihnen selbstverständlich klingen wird, zum Schluss noch aussprechen, dass es mich tief befriedigt hat, dass Sie ein so reges Interesse daran haben, die Waldorfschul-Methode hier in England fruchtbar werden zu lassen, dass Sie mit solcher Energie daran arbeiten, hier eine Schule nach unserer anthroposophischen Methode einzurichten. Und ich möchte die Hoffnung aussprechen, dass es Ihnen gelingen möge, das, was Sie aus unseren Seminarkursen in Stuttgart lernen konnten, was Sie in den verschiedenen anderen Kursen gehört haben, die auch hier in England gehalten worden sind und was ich zuletzt hier an einzelnen aphoristischen Bemerkungen geben konnte, dass Sie all das benutzen können, um eine recht gute Schule nach anthroposophischer Methode hier in England zu begründen.

Sie müssen nur bedenken, wie viel davon abhängt, dass der erste Versuch, der gemacht wird, gelingt. Gelingt er nicht, dann ist viel verloren, denn dann wird alles Übrige nach dem ersten Versuch beurteilt. Es hängt sehr viel davon ab, dass Sie den ersten Ansatz in einer Weise machen, dass die Welt merkt: Es ist etwas, was weder in abstrakten, dilettantischen Schulreformplänen schwelgt, noch irgendetwas, was sonst Laienhaftes ist; das ist etwas, was aus dem Erfassen der Menschenwesenheit hervorgeht, was dann in die pädagogische Kunst übergeht und was neben vielem anderen von unserer in so schwieriger Lage befindlichen Zivilisation gefordert wird.

Damit möchte ich Ihnen recht gute Gedanken mitgeben auf den Weg zur Begründung der hiesigen Schule nach anthroposophischer Methode.

Anhang

«Geistessaat aus Rudolf Steiners Notizbüchern.
Pädagogisches und Allgemeines.»

Aus einem Notizbuch vom Jahr 1917

Durch Geisteswissenschaft die kurzen Momente ergreifen; sonst wird ihre Gabe sogleich von den physischen Impulsen ergriffen.

Man erkennt nur dadurch, daß die Vorstellungen sich außer dem physischen Leib spiegeln. – Dieses Wesen muß sterben können.

Schmerz der Erkenntnis: wird erspart bei Naturerkenntnis durch Aufnahme des Toten, bei anderem durch Unterbewußtheit.

Bewußtsein am vorzeitlichen Geschehen entzündet.

Wiederholte geistige Erlebnisse abflauend.

Woher kommt es, daß der Mensch die geistige Welt nicht sieht? Weil er sich mit dem Gedanken des Vergangenen erfüllt.

Alle Anstrengungen gelten heute für sinnvoll, nur nicht diejenige, welche dazu führt, zu schauen. Wenn das Ewige hereingeholt wird, so muß es da bleiben.

Man spricht heute von etwas, dessen sich die Aufgeklärten schämen; sie haben Angst, vor sich selber töricht und kindisch zu erscheinen, wenn sie nur ernsthaft die Sache anhören.

Sittliche Erziehung: gebunden an die Willensentwickelung.

Innerliches Erleben des Äußeren: Liebe – Interesse – Aufmerksamkeit.

Zuletzt: Der Mensch kann nicht zur Sittlichkeit kommen, ohne daß er die physische Organisation auf Geistiges zurückzuführen weiß. – Ungeborensein – Tod als Erscheinung überwunden. So auch Geburt.

Die Intellektualität muß in die sittliche Anschauung einlaufen können; sie kann das nur, wenn sie aus dem ganzen Menschen herausgeholt ist.

Kind:	2 1/3	Jahr:	Inneres Determiniertsein vom Stoffwechsel.
	4 2/3	Jahr:	Inneres Determiniertsein vom Rhythmus.
	7	Jahr:	Nachahmung.

9 1/2 Jahr: Autorität, es bildet sich die Empfänglichkeit für vom Menschen und Dingen Losgelöstes, – das bloß durch Sprache usw. vermittelt wird.

11 2/3 Jahr: Es wird hinzugefügt das Hinneigen zum ganzen Menschen.

14 Jahr: Es wird befestigt das Wesen der Außenwelt im eigenen Wesen.

Aus einem Notizbuch vom Jahr 1922

9.10.22: Es fehlt dem gegenwärtigen Wissen die Möglichkeit, mit ihm an den Menschen heranzukommen.

10.10.22: Der Mensch erreicht nicht sein Inneres. Schwierigkeit, weil in den ersten christlichen Jahrhunderten die Verbindung mit der geistigen Welt gelöst.

Es war das astralische Erleben bis 333 Aktivität des Denkens.

11.10.22: Es muß der Wille angefeuert werden.

Der hat unter dem bloßen Naturbetrachten gelitten.

Im Reiche des Natürlichen ist mit dem Verstande nur das Vergangene zu erreichen.

Es muß Schönheit geliebt werden.

Gefallen und Mißfallen.

Wie kann in dem Begriffe (der Idee) wieder der Geist gefunden werden?

Treu und Glauben zur Nachahmung.

Wann kommt die große Frage nach dem «Ich»?

Da muß der «Mensch» eintreten. Zwischen 7+2 1/3 = 9 1/3 und 21-2 1/3 = 18 2/3, da liegt die schwere Zeit, da muß die Jugend lernen, an das Alter zu glauben, und da gibt es nur die Schönheit, die den Glauben vermittelt.

Es war das Aufschauen zu den Alten: sie haben die Ideen. Nun muß es sein: sie haben das Schöne.

13.10.22: Die intellektuell-wissenschaftliche Erziehung hat das ganze Zeitalter ergriffen. Und so ist verloren gegangen jede andere Auffassung, die künstlerische und religiöse. Es ist zur Unwahrheit geworden.

Als Erziehung der Menschheit, den Menschen losgerissen von seiner Verbindung mit den drei Welten: Die Verbindung mit der Natur ist vor dem 19. Jahr nicht vorhanden.

a) Der Mensch erscheint dem Menschen.
b) Die Seele mit dem Geist, der in der Kunst wirkt.
c) Der Geist mit dem Geist, der in den aufeinanderfolgenden Erdenleben wirkt.

A) Man glaubt als kleines Kind dem Erdenmenschen.
B) Man glaubt dem Menschen, der ein Diplom durch seine Seele mitbringt: ätherischer Leib.
C) Man glaubt dem Menschen, der etwas in sich hat aus vorigem Leben.

15.10.22: Erziehung: Das Kind im volksschulmäßigen Alter erziehen, es heißt: hinstellen seelische Erlebnisse so, daß sie von dem Kinde empfangen werden: Was gibt der Erzieher: er macht das Tote seiner Generation lebendig.

Kind: die schaffende Weisheit; es ist, was von ihm ausgeht, wie die Einatmung, die ertötende.

Lehrer: es ist, was von ihm ausgeht, wie die Ausatmung, die belebende.

Antipathie (verborgen) – Denken (offenbar).
Sympathie (offenbar) – Wille (verborgen).

Nun muß der Lehrer so wirken, daß er die Antipathie besiegt, d.h. die Kinder an die Dinge heranbringt.

Nur derjenige Gedanke kann seelisch erlebt werden, der selbst ausgebildet ist.

Das Kind ist aber nicht stark genug, seine Gedanken selbst auszubilden.

Der Lehrer, der bildhaft wirkt, läßt den Gedanken so entstehen, daß er durch das Kind selbst entsteht – durch den Umstand, daß ihn der Lehrer hat.

Naturgeschehen verstehen: sich vor der Finsternis nicht fürchten.

Moralgeschehen verstehen: im Lichte nicht ohnmächtig werden.

Licht nimmt den Astralleib und das Ich nicht auf.

Natur verstehen: ich vernichte mich, das frißt mich auf; den Drachen wahrnehmen, der den Menschen verschlingt.

Geist verstehen: ich schaffe mich, das töte ich; den Drachen töten.

Ausziehen, den Drachen zu töten: nicht irgendwo hingehen, wo kein Drache ist, weil die Alten einen nur zum Drachen führen, sonst wird man in seiner Ausatmung ersticken; man braucht seinen Lebensinhalt.

Es war der Drache belebt worden an der Außenwelt: und so muß er getötet werden. Besiegung der Materie.

Der Mensch hat sich die Geschichte aufgepackt. Er schleppt sich mit der Last. Zuerst hat er die mythisierende Kraft verloren, dann die historische, damit aber erstirbt er.

Über dem Toten der Erde ist das Übel (Böse): Elektrizität, Magnetismus: die Antipoden des Lichtes.

Das Zeitalter der Elektrizität: Elektrische Kräfte machen den Menschen böse.

Im «Lichte» gibt es nicht Geburt und Tod, sondern nur «hell» und «dunkel»; aber der «Mensch» ist aus dem Lichte hinaus.

Schlafend muß der Mensch sich wiederfinden, d.h. er muß sicher sein, daß der Realismus richtig ist. Er muß in der Lage sein, sein Wesen in der geistigen Seite der Natur erneuert zu finden. Ich denke, also bin ich. Schlafend: die Natur muß das Element des Denkens enthalten.

Christus im Erdensein: der Geist wird aufgehen.

Der Mensch empfängt haute nichts vom Schlaf.

Aus einem Notizbuch vom Jahr 1923

Eurythmie: Erleben des wirkenden Geistes. Es folgen die körperlichen Prozesse.

Feuerprozeß.

Musik: Luftprozeß.
Plastik: Nervenprozeß.
Architektonik: Sinnesprozeß.
Die Alten: Der Zeus des Phidias ist ein leidstillendes Zaubermittel.
Kinder beglücken durch die Kunst.

Pädagogik und Kunst.

1. Erkenne dich selbst als alte Forderung.
2. Nicht erkennen von Bewußtsein und Materie.
3. Da wäre keine Pädagogik möglich.
   Denn diese muß auf Menschenkenntnis beruhen.
   Daher das Zurückgehen auf den Instinkt.
4. Dagegen eine Pädagogik, die auf wirkliche Menschen-Erkenntnis begründet ist.
5. Die erlebte Erkenntnis. Wie man Gesundheit erlebt.
   Der künstlerische Sinn.
   Naturerkenntnisart auf den Menschen angewendet, wie wenn man sich selbst als Skelett wahrnehme.
   Die Sinnes-Natur-Erkenntnis; die rein geistig wesende Seele.
   Geist-Erkenntnis.
   Die künstlerisch anschauende Seele.
   Menschen-Erkenntnis.
6. Die Liebe als persönliches Erlebnis.
7. Gesinnungspädagogik.
8. Beim Kinde Übergang vom Spiel zur Arbeit.
   Ernst im Spiel.
   Spiel: Freudige Äußerung des Menschenwesens.
   Arbeit: Drückende Last des Lebens.
9. Die Vermittlerin: Die Kunst.
   Im Ernste froh sein; in der Freude und Lust den Charakter bewahren.
   – Man muß, um in der Pädagogik der «Kunst» die rechte Stellung zu geben, die Kunst lieben und die Freiheit des Menschen achten.
10. Im kindlichen Alter: Kunst, wenn auch unbeholfen.

Plastisches: Der Mensch gibt an die Welt hin, was er erst im Verkehr mit der Welt wird.
Musikalisch-Dichterisches: Der Mensch empfängt sich ein zweites Mal aus dem Geiste.

11. Eurythmie: Die Harmonisierung der menschlichen Wesenheit.

Aus einem Notizbuch vom Jahr 1919 und 1923

Die Tatsachen sind finster; das Licht aber ist trügerisch; so kommt es, daß die Weisheit der Tatsachen um so trügerischer wird, je mehr sich die Menschen spezialisieren.

Die «Erfahrung» müßte jede Theorie beseitigen (Goethe); die Philosophie müßte alle Erfahrung wirklich beseitigen (Philosophie der Freiheit).

II. Kultur: Man kennt nicht den Gegensatz: Geist und Natur, Licht und Finsternis.

III. Kultur: Man sieht in der Naturordnung Vorsehung, in der Vorsehung Notwendigkeit.

IV. Kultur: Man sieht Gegensatz: Natur – Geist.

V. Kultur: Man soll zurückkehren: im Menschen erkennen das Ineinandergehen.

VI. Kultur: Man wird erkennen müssen: In der Finsternis das menschliche Licht strahlend, im Lichte die Naturfinsternis.
Sinn der Erde geben: Illusion, Böses.

1923

1. Menschenerkenntnis ist tätige Erkenntnis; sie braucht der Pädagoge.
2. Keine äußere Anweisung auf Grund einer Theorie, sondern unmittelbares Erleben.
3. Man erlebt das Wissen vom Menschen, wie man die Gesundheit erlebt.
4. Wie ein Sich-Selbst-Hervorbringen.
   Liebe.
5. Pädagogische Gesinnung.
6. Beobachten des Kindes, weil man sich mit ihm verwandt fühlt.

7. Vom Spiel zur Arbeit.
8. Der Ernst, im Spiel.
   «Spielend lernen» ein Laienurteil.
9. So findet man die Kunst für die Erziehungs- und Unterrichtspraxis.
10. Schiller.
11. Ein Kind, das ungeschickt modelliert oder malt, entdeckt doch Menschenkräfte, die sich in die Außenwelt fortsetzen.
12. Plastik: Finden der Seele im Körper am Widerstand. Lernen von der Materie.
13. Die Farbenfläche.
    Die Fläche geistig überwinden.
    Das Holz.
14. Musik-Dichtung: Finden des Willens in der Welt und des zweiten Menschen.

Aus einem Notizbuch vom Jahr 1920

Unterricht und Erziehung gegenüber der Weltlage der Gegenwart:

1. Man will Volkshochschulen: hat man dazu den nötigen Geist?
2. Erkenntnis des wirklichen Zusammenhanges von Geist, Seele und Körper. Zahnwechsel, Geschlechtsreife. (Bis zur Geschlechtsreife: der Wille nicht an die Außenwelt angepaßt.) In den zwanziger Jahren: Spiel als Erfahrungsurteil.
3. Künstlerisches Erfassen der Welt. Schiller: ästhetische Erziehung.
4. Besinnung und Tatbereitschaft. Die Übernahme von denen, deren Repräsentanten die Lehrer sind.
5. Selbstvertrauen und Menschenvertrauen. Schütze und Gaffer: Rudolf Hildebrandt.
6. Das Soziale wird abgegrenzt in die Sphäre, die sich bezieht auf das Verhältnis von Mensch zu Mensch: in die Gefühlssphäre: Sprache.
7. Wille: er kann nur wirken, wann er sich an dem Wirtschaftlichen entzündet.
8. Die Weltlage: sie ist ernst. Aus dem Ernst der Zeit muß geboren werden der Mut zur Tat.

Gebt dem Unterricht, was der Geist euch gibt, und ihr befreit die Menschheit von dem Alpdruck, der auf ihr lastet durch den Materialismus.

Stuttgart, 8. Juni 1920:
Der Weg zum gesunden Denken und die Lebenslage der Gegenwartsmenschen.

1. Der Gegenwartsmensch, der keine Erkenntniskräfte hat für die Zusammenfassung der naturhaften und der moralischen Welt.
2. Für die naturhafte Welt: nur ein Erkennen, das die Technik herauslöst.
   Die Rechnung und Geometrie: die Welt, in der es finster und tonlos ist. Diese Welt ist nicht die Wirklichkeit, sondern das Geschöpf des wissenschaftlichen Menschen, der sich blind und taub macht.
3. Nun ist den Menschen diese Welt zum sozialen Ordnen ausgeliefert; er verhält sich, als ob nur die Technik da wäre. Solowjoffs Meinung vom Aufzehren der Bodenkräfte durch Industrie und Verkehr.
4. Die geistigen Mittel der Vergangenheit gegenüber den Forderungen der Gegenwart.
5. Diese «Mittel» haben Staaten gegründet. Aber das Ergebnis sind Ereignisse der Gegenwart.
6. Charles W. Eliot, 22. Juli 1909. Umgeben von einer Welt, die noch von der Vergangenheit geordnet ist. Er kann nicht sehen, was aus dieser Welt wird, wenn seine Ansichten soziale Wirklichkeit werden.
7. Es können nicht an die Stelle der Autoritäten treten die Überzeugungen, die Ch. Eliot hat: nicht der Glaube an den Gott, nicht das «Diene der Menschheit» – das erste verhindert die Auffassung der Kraft; das zweite bewirkt, daß solche Überzeugung nicht die «Liebe» zeugen kann.
8. Man braucht einen übersinnlichen Quell des gesunden Denkens. Es ist notwendig, von der Naturwissenschaft zur geistigen Welt die Brücke zu schlagen.

21. August 1922, Oxford.

1. Schreiben, Lesen bei Kindern. Individuell.
2. Übergang zum Fachunterricht. Pflanzen mit der Landschaft zusammen.
3. Rechnen. Von der Einheit ausgehen.

Mädchen wachsen vom zehnten Jahr an schneller. Knaben überholen sie dann vom fünfzehnten Jahre an.

Vernachlässigung des Erinnerungsvermögens: entzündliche Zustände.

Gedankenentwicklung beruht auf einer Art Antipathie; daher soll sie nur durch den Menschen selbst zu seinem Gebrauche dessen hervorgerufen werden, was er tiefer in der Seele z.B. als moralische Impulse erlebt.

Wird der sittliche Impuls direkt als Moralidee angeschlagen, dann muß erst die Antipathie unterdrückt werden.

Für den 22. August, Oxford.

Erziehung des Muskelsystems; bis zum vierzehnten Jahr abhängig vom rhythmischen System. Gegen das zwölfte Jahr: Knochensystem. Muskeln passen sich dem Skelett an.

Wollen geht vom Geistig-Seelischen aus. Von der Teilnahme des Skeletts an den seelischen Funktionen des Menschen hängt es ab, ob er zu Kausalverknüpfungen geführt wird.

Melancholisches Kind: abhängig von Körperlichkeit, unaufmerksam.

Phlegmatiker für die Weite geschaffen.

Sanguinisches Kind: ganz Seele, außerhalb von Raum und Zeit, oberflächlich. Fliegen verscheuchen.

Phlegmatisches Kind: hingegeben an die Welt, kann das Erleben des Kopfes nicht loslösen.

Cholerisches Kind: sitzt in der Ichheit. Egoität aggres[s]iv. Körperbau, austoben lassen.

Lehrerhumor: Künstlerisch das Wesen des Kindes erleben.

Wie die Gedanken stecken bleiben im Gehirn, da verduften sie auch bald. Man hilft durch Bewegenlassen nach.

Oder die Vorstellungen sickern durch; sie leben dann im Organismus.

Man veranlaßt das Kind im Sitzen bildhaft zu gestalten.

1. Die Arbeiten zeigen.
2. Man organisiert, was unorganisch, leblos ist. Das Organische ist schon organisiert, die Lehrerschaft und die Kinder.
3. Es ist der Organismus der Waldorfschule entstanden.
   Zunächst achtklassige Elementarschule.
   8 – 10 Uhr allgemeiner Unterricht.
   Sprachen, Religion, Eurythmie: das Praktische.

Möglichst Unterricht in einer Hand. Oder wenigstens in Anwesenheit des Klassenlehrers.

Für den 24. August:

1. Fanatismus. Ernährungsweise, Wärmeverhältnisse, Bewegungstätigkeit.
2. Die Zeugnisse. Die Hilfsklasse. Das Versetzen.
   Schwierigkeit mit den Fünfzehnjährigen.
   Die Praxis: Religionsunterricht, keine Weltanschauungsschule.
   Dankbarkeit.
   Liebe.
   Pflicht.
   Was dem Kinde schmeckt?
   Was ist Ernährung?
   Mund, Magen zu vergleichen mit äußeren Prozessen.
   Kopf ganz verschieden.
   Brot, Kartoffeln: Verdauungssystem.
   Kartoffel verschlungen, Organismus bleibt lässig.
   Melancholikern soll man Speisen versüßen, Sanguinikern Zucker entziehen.
   Milch: gesamter Organismus.
   Zucker: Lebertätigkeit herabgesetzt.
   Zucker entziehen: Lebertätigkeit angeregt.
   Interesse: Stoffwechselsystem, dagegen Früchte.

Essen ermüdend. Kinder durch Essen träumerisch.
Nahrungsmittel, die den Kopforganismus beschäftigen.
Abhärtung: sich zu sehr der Kälte aussetzen: sich mit Stoffwechselresten durchkleiden, sich innerlich verschleimen.
Hitze: verknöchern, verkrusten, wärmende Ernährung.
Freude und Befriedigung bei den Bewegungen.
Anämie des Körpers bei Mädchen: Chlorose.
Hirndurchblutung bei Knaben: Neuritis.
Glycogen: animalische Stärke, in der Leber in Zucker übergeführt.
Wenn etwas im Organismus wirkt, das aus dem organischen Prozeß herausfällt.
Zucker: im Blut zum Teil in Säure umgewandelt, Lösungsmittel für kohlensauren und phosphorsauren Kalk.
Man regelt die Verdauung durch Bildvorstellen.
Die Leber wird mit Venenblut versorgt, d.h. sie sondert sich von der andern organischen Tätigkeit ab; sie wird ein Stück Außenwelt; sie ist dadurch Organ für Wahrnehmung des eigenen Organismus; sie erfüllt den Organismus mit der Empfindungsfähigkeit für das Antipathische.
Ventil für die Lebenstätigkeit; es wird Leben in der Leber reguliert, d.i. als selbständiges abgesondert: Galle ist von reinem Lebensäther zubereiteter Stoff, der Rest des Organischen, der bleibt, wenn reiner Lebensäther auftritt.

26. August, Oxford.

1. Die soziale Frage aus den wirtschaftlichen Verhältnissen gegeben.
2. Sie wurzelt aber in den menschlichen Willensverhältnissen.
   Theokratie – Staat – Wirtschaftsorganismus.
3. Moskau, Petersburg: Naturwissenschaft gegen Menschheitserkenntnis.
   Naturwissenschaft hat nicht Herz.
   Das platonische Ideal: Lehrstand, Wehrstand, Nährstand.
   Alle Menschen müssen herangezogen werden.

Die spirituelle Grundlage der Erziehung.

1. Bis zum siebenten Jahre erlebt das Kind die Außenwelt, indem es sie innerlich mit will: Die Periode der Nachahmung. Das Kind ist ganz Gebärde, und die Sprache entwickelt sich an der Gebärde.
2. Vom siebenten bis zum vierzehnten Jahre erlebt das Kind die Außenwelt, indem es sie innerlich mitfühlt: Die Periode der Autorität.

Das Vokalebilden ist das Gefühlselement des Willens, die Konsonanten das eigentliche Willenselement.

Organische Erziehung: wenn das Seelenleben so angeregt wird, daß es wachsen kann.

1. Vererbung und Eigentätigkeit durch die Sinne, ererbte Zähne, substantiell beeinflußt.
   Der ganze Körper nimmt teil an dem Sinnesleben.
2. Seelenmitgift: Glaube an die Umgebung. Nur noch formell beeinflußt.
   Die Seele nimmt an dem Sinnesleben teil. Der Körper an Rhythmus und Bewegungsleben.
3. Geisteskonstitution: da erst der Bildungsgehalt der Zeit.

Erstes bis siebentes Lebensjahr: Das Ätherleben wirkt durch den ganzen Organismus.

Mit dem vierzehnten Lebensjahr: das Sinnesleben ist selbständig abgesondert, das Ätherleben ebenso.

Dagegen das Ernährungsleben prägt die Erdenqualität dem Menschen ein.

1. Es kann die Erziehungskunst auf eine spirituelle Basis gestellt werden, nur wenn man eine Erkenntnis vom Spirituellen zugibt. Bisher Mathematik die einzige spirituelle Erkenntnis.
2. Die Ausbildung von Erkenntnissen nach dem Muster der Mathematik, aber mit realem Inhalt.
3. Die drei Lebensepochen des Kindes und des heranwachsenden Menschen.

Etwas zu früh an das Kind heranbringen:

a) an Willen: bedeutet den Organismus starr machen, weil man zu heftige Willensnaturen erzeugt;
b) an Verstand: bedeutet den Organismus zum subjektiven Erfassen der Urteile verführen.

Etwas zu spät heranbringen bedeutet:

a) an Willen: den Organismus zuwenig konfigurieren;
b) an Verstand: das Gedächtnis automatisch ausliefern.

3. Im Kinde und heranwachsenden Menschen folgende Lebensepochen:
   1) Wahrnehmung: aber wahrgenommen der andere Mensch. Intuition, die schöpferisch ist.
   2) Offenbarung: Die Sprache, inspirierend, wenn der andere Mensch als Autorität (Vermittler einer andern Welt) angesehen wird. Inspiration.

Von zwei Dingen zu sprechen, die nicht anerkannt:

1) von einer spirituellen Erkenntnisart;
2) von Beobachtungen über das Leben des Menschen.

Organische Erziehung. Vorschule.

Im Kinde stehen Geist und Seele dem Körper noch nahe.

Man kann nicht erziehen und unterrichten, ohne den Geist und die Seele so behandeln zu können wie den Körper.

Von dem alten spirituellen Leben sind nur Überzeugungen geblieben, nicht Methoden; wir experimentieren mit physischen Werkzeugen, aber nicht mit geistigen Verrichtungen. Yoga. Askese.

Es ist nur die Mathematik geblieben.

Aus einem Notizbuch vom Jahr 1922

1. Es ist eine Erziehungskunst, die zu ihren Voraussetzungen Anthroposophie hat. Diese ist etwas anderes als die anderen Weltanschauungsströmungen der Gegenwart.
2. Beruht auf Schauen, das entwickelt wird.
   Gemischte Gefühle: das Tragische und Komische.

Reinigung dagegen: die aus keinem Schmerzgefühl hervorgehenden, insbesondere aus der Erkenntnis.

Tragödie erweckt gemischte Gefühle: Furcht, Mitleid.

Komödie erweckt Eigenlust und Schadenfreude.

Man kann Künstler sein durch die Phantasie, nicht aber Lehrer und Erzieher.

1. Die Frage «Drama und Erziehung» ist einmal historisch aufgeworfen worden: in dem Verhältnis Goethes zu Shakespeare. Es wird sich die Frage nach dem Verhältnis von Drama und Erziehung an der Frage beantworten lassen: Was zog Goethe zu Shakespeare hin?
2. Goethe führt drei Lehrer auf: Linné, Spinoza, Shakespeare. Den beiden ersteren stand er vom Anfang an als Opponent gegenüber. Shakespeare blieb er treu, trotzdem er zu einer andern Art des dramatischen Schaffens kam.
3. Bei Shakespeare zog ihn das an, was bei diesem der Verstandeslogik sich entzieht. Wer ein Shakespearesches Drama logisch erklären will, ist in der Lage wie jemand, der den Traum logisch erklären will.
4. Wann darf dieses Element in die Erziehung einbezogen werden?
5. Die Waldorfschule auf ein Künstlerisches gebaut. Aber der Lehrer und Erzieher als Künstler ist in einer andern Lage als ein anderer Künstler. Er hat nicht einen Stoff vor sich, den er formen kann, er hat Menschen vor sich.
6. Die Waldorfschulmethode auf Anthroposophie gebaut. Exakte Clairvoyance. Denk- und Willensübungen. Dadurch einsehen: Kind = Sinnesorgan und Plastiker, dann Musiker und Musikhörer.
7. Das Drama = die alte Aristotelische Definition: Furcht, Mitleid beim Tragischen. Der Mensch steht einem Höheren gegenüber. Befriedigung = Schadenfreude: Der Mensch steht dem Untergeordneten gegenüber.
8. In der Schule soll das Drama erst auftreten mit der Geschlechtsreife. Aber der ganze Unterricht soll das dramatische Moment beachten.

Kind unter 7 Jahren: Säugling: es schläft viel, weil es dem ganzen Körper nach Sinnesorgan ist, und jedes Sinnesorgan schläft in der Wahrnehmung; die Sinne wachen, wenn der Mensch schläft: in ihnen liegen die Geheimnisse der Welt; in den Brustorganen liegen die Geheimnisse des Sonnensystems. Die Sinne sind nicht zum Wahrnehmen veranlagt, sondern zur Plastik des Organismus.

Schreiben lernen: nicht zu früh, darauf lesen. Rechnen als Analyse.

9.–10. Jahr Wendepunkt: man kann beginnen, die Außenwelt als Außenwelt zu besprechen, aber beschreiben; das stellt die Wachstumstendenzen mit sich selbst in Einklang.

Beim Kinde hat das Seelische unermeßlich großen Einfluß auf den Körper.

Erklären bei Hamlet
bei Faust.

Hamlet undramatisches Retardieren.

Tasso
Iphigenie } sie sind Lösungen von künstlerischen Fragen.

Faust ist das Menschheitsproblem.

Shakespeares Gestalten sind von dem Theaterpraktiker geschaffen; von dem, der mit dem Publikum in innigem Kontakt steht.

Goethe studiert die «Menschheit im Menschen». Shakespeare verkörpert eine gewisse Art von Träumen.

Aus einem Notizbuch vom Jahr 1922

1. Gestaltender Unterricht.
2. Der Lehrer braucht eine Weltanschauung, die ihn trägt, eine Weltanschauung, aus der er die Erziehung gestaltet.
3. Wir sollten dahin kommen, weniger über Erziehung zu reden. Wir können dies, wenn wir Dinge zu sagen haben, die zur Jugend sprechen. Unsere Anschauung von der Welt sagt der Jugend nichts.
4. Begriffe und Ideen sind immer etwas, was abzuwehren gilt. Ein Bedrängendes geht der Begriffsbildung voran.

Wille ist Hunger, Vorstellung ist Sättigung.
Wille bildet CO^2.
Vorstellung verbraucht Phosphor, was im Licht ist.
Frei gewordene Seele nicht von dieser Welt.
Stumpfwerden des Willens, Aufgeben der Ideale, Zusammenbrechen.
Ganze Menschheit erleben.
Elfjährige Mädchen größer. Was bedeutet Emporwachsen? Die Uranlage in das Seelische verlegen.
Das Intellektuelle: es ist ein Antipathisches.
Knaben werden intellektuell reizbar; seelisch sind sie starr, in den Leib hinein ist das Seelische gewachsen, es muß mit dem Geist der Außenwelt vereinigt werden. Die Sprache hat sie geformt.
Mädchen schließen sich vom Geiste der Außenwelt ab; sie werden die Außenwelt.
Knaben staunen über sich selbst, Mädchen staunen über die Welt.
Diese Frische des Staunens darf nicht verkümmert sein.

Das Englische ist überall zu finden: man schildert die deutsche Organisation.

Mit der Geschlechtsreife sind die Kinder etwas geworden, das ganz neu dasteht. Knaben sind sich selber fremd geworden, die Welt wühlt in ihnen; ihr Wille lebt, die Welt rumort in ihnen.

Mädchen staunen die Welt an; es webt in ihnen die Menschheit; sie wollen die Welt nicht.

1. Im Sinnes-Nervensystem ist das Geistige bewußt, das Geistige in seinem Bild als Gedanke, und der Leibesvorgang unbewußt.
2. Im rhythmischen Gefühlssystem ist das Geistig-Seelische unbewußt und kommt nur im Traum zum Vorschein; das Physisch-Leibliche offenbart es im Gefühle.
3. Im Stoffwechsel-Willenssystem ist das Geistige das ganze Leben hindurch, für sich wirksam; es bleibt ganz unbewußt, wie der ganze Mensch im Schlafe ist. Der geistige Vorgang bleibt unbewußt (schlafend), der leibliche Vorgang wird bewußt durch die inneren Sinne; Lebenssinn, Bewegungssinn, Gleichgewichtssinn. (Die Wahrnehmung des eigenen Leibes.)

Der Unterschied im Erleben der Nerven-Sinnesorganisation und der Stoffwechsel-Gliedmaßenorganisation. Dort ist der Körper der Seele unbewußt, der Geist bewußt, hier ist der Körper ihr bewußt, der Geist bleibt ihr unbewußt. Im rhythmischen Gefühlssystem ist ineinanderwirkend halbbewußt das Körperliche, halbbewußt das Geistige (im Traum dieses, im Wachen jenes).

Aus einem Notizbuch vom Jahr 1923

16. April 1923:

Das Kind 0 – 7 ist ganz Kopf (Sinn); daher seelisch nachahmend, daher geistig religiös.

7 – 14 ist Kopf und rhythmisches System; daher seelisch autoritativ, geistig künstlerisch. Das Religiöse wird sittlich.

14 – 21 ist Kopf, rhythmisches System, Bewegungssystem, d.h. seelisch, geistig erkenntnismäßig. Das Künstlerische tritt selbst auf.

Das Kind ist ganz Nerven-Sinnes-System; es schließt sich bis zum 7. Jahr das Stoffwechsel-Gliedmaßensystem aus.

Seelisch ist das Kind so eingestellt, daß seine Atmung in die Zirkulation sehr stark hineinspielt; daher ganz Sinnesorgan.

Man sagt: Gesinnung, religiöses Verhalten seien vom Milieu beeinflußt, und doch zeigt sich in den Leistungen im Religionsunterricht nicht eine starke Korrelation zwischen Eltern und Kindern.

Die Arme müssen in der richtigen Lage sein zum Sprechen – dabei religiös. Durch das Sprechen muß das Kind in die Außenwelt eingeschaltet sein, damit es denken lernt, sonst wird es phantastisch, wenn es zu früh, gedankenlos, wenn es zu spät denken lernt.

Man untersucht die Ermüdung, statt auf Mittel zu sinnen, sie zu vermeiden.

Nicht richtiges Schlafen und Wachen bewirkt Störungen in diesem ersten Lernen. Zu viel macht ungeschickt; zu wenig macht innerlich bedrückt, z.B. Stottern.

Die Stoffwechselvorgänge: sie leben sich im Wachen in der Bewegung nach außen aus.

Die Sinnesvorgänge: sie leben sich im Schlafen in der Bewegung nach innen aus. Sie gliedern sich da in die Sinneswelt ein.

In der Seele wird der Inhalt geträumt oder verschlafen.

Es muß ein Erwachen stattfinden:

1. für das Denken: Man hat, was sonst tot ist, belebt. Man vernimmt das nicht wegen des «Geräusches der Welt».
2. für das Fühlen: Tiefes Schweigen der Seele; da kommt man in die Region, wo sich das Moralische als «wirksam» erweist und wo die Naturvorgänge beseelt sind.

Die Seele schläft mit Ausnahme der Vorstellungen, die Äußeres wahrnehmen.

Die Imaginationen bringen Erwachen in das Danken, das belebt wird; dann geht der Mensch bis zu den Enden der Nerven, indem er deren Inhalt von rückwärts aufnimmt.

Diese Imaginationen haben die Gefühle als ihren Wahrnehmungsinhalt.

Das Ich gleitet hinüber und wird der Akteur des Lebens; es verschwindet die Einzelheit.

Aber in diesem Ätherall wirkt die geistige (astrale) Wesenssumme.

17. April:

1. Mit dem statisch-dynamischen System kommt das religiöse Element; dies kann noch nicht in das Denken hinein.
2. Mit dem Sprachsystem kommt das künstlerische Element; dies will im Zusammenhang mit dem Denken als Bildhaftes gepflegt werden. Das, was im Sprachsystem liegt (Astralisches), breitet sich über den Körper aus, durchströmt ihn mit dem Liebesprinzip und erlangt in der Geschlechtsreife seinen Abschluß.
3. Mit dem Denken kommt das Intellektuelle zum Vorschein; es kann aber selbständig erst mit der Geschlechtsreife wirken; es muß sich zurückhalten: Es geht alles Intellektuelle noch am 7- bis 14-jährigen Kinde vorbei.

Kinderkrankheiten sind Kopfkrankheiten und Atmungskrankheiten, erregende Krankheiten; sie erschüttern den Organismus. Leben sich gleich aus.

Es ist das 7.–14. Jahr das gesündeste Lebensalter.

Man kann ja wohl verlangen, daß das Kind «verstehe»; es «versteht» aber nicht.

Pädagogischer Vortrag, 18. April 1923:

1. Erste Kindheit: Nachahmung des Lebens im Spiel. Nicht Kinderarbeiten, die ausgedacht sind.
2. Aus dem Bildhaften herausarbeiten; Schreiben, dann Lesen. Denn Lesen ist die abstraktere Tätigkeit.
3. 9 1/3 Jahre: Unterscheidung des Ich von der Außenwelt; Pflanzenwelt, Tierwelt.
4. 11 2/3 Jahre: Der Mensch in der Natur und Geschichte; da wird auch erst Ursächlichkeit verstanden.
   Dar einzelne Buchstabe ist die Seele; er ist doch das tiefere.

Pädagogischer Vortrag, 19. April 1923:

1. Das Kind bekommt den Kausalitätsbegriff erst gegen das 12. Lebensjahr.
   Vorheriges zu starkes Betonen der Kausalität ertötet das Seelenleben.
   Dann Unorganisches und Geschichte.
2. Hintendieren zum Menschen, wenn das Kind ihn ertragen kann.
3. Immer rechnen mit dem Gefühlsleben.
4. Nicht zu stark rechnen auf sog. «Verstehen» und «Anschauung». Ganz ungehörig, zu sagen: das verstehst du noch nicht.

20. April 1923, pädagogischer Kurs:

1. Dankbarkeit, Liebe, Pflicht.
   Dankbarkeit muß wachsen, wie die Pflanze wächst; da begründet sich das Religiöse: Gottesliebe (Geberden verstehen).
   Liebe muß erwachen, wie die Seele selbst erwacht; da begründet sich das Ethische: Menschenliebe (Worte verstehen).
   Pflicht muß die Menschheit im Menschen offenbaren; da begründet sich das Soziale, Werkliebe (Handlungen verstehen).

2. Das kleine Kind braucht Lebensursachen; das Kind braucht Lebensstützen; das über die Geschlechtsreife hinausgekommene Kind braucht Lebenshilfe.
3. Selbsterziehung: Vom Nachahmungsalter erwachen. Vom Autoritätsalter reifen.
4. Die eigenen Handlungen mit Liebe vollziehen; die Handlungen der Andern mit Liebe verstehen.

Ich:	Ichsinn	)	
astr.	Gedankensinn	)	Denken,
äth.	Wortsinn	)	Stoffvermischung.
phys.	Lautsinn	)	

astr.	Wärmesinn	)	
äth.	Sehsinn	)	Fühlen, Rhythmus.
phys.	Geschmacksinn	)	
unterphys.	Geruchsinn	)	

äth.	Gleichgewichtssinn	)	
phys.	Bewegungssinn	)	Wille –
= unterphys.	Lebenssinn äth.	)	Stoffwechsel.
= unterphys.	Tastsinn phys.	)	

Zu dieser Ausgabe

Der vorliegenden Ausgabe der Vorträge in Torquay (England) 1924 liegt der Klartext zugrunde, den die Berufsstenografin Helene Finckh nach ihrem eigenen Stenogramm gefertigt hat (s. Faksimiles S. 229-230: erste Seite des ersten und letzte Seite des siebten Vortrags; auf dem Faksimile S. 230 ist ganz unten links vermerkt: «St. F.» = Stenogramm Finckh).

Rudolf Steiner hielt in Torquay die Vorträge in deutscher Sprache. Er gliederte seine Vorträge mit Ausnahme des 4. Vortrags in drei Abschnitte; und nach jedem Abschnitt erfolgte die Übersetzung ins Englische. Die Vorträge wurden als «Pädagogischer Kursus für die Lehrer der in London neu zu begründenden Schule mit Waldorf-Pädagogik» angekündigt.

Lt. Hans Schmidt – *Das Vortragswerk Rudolf Steiners*, 1978, S. 482-483 – erfolgte der erste Druck der sieben Vorträge 1931 in *Die Menschenschule* (5. Jahrg., Heft 1-8). Vorträge und Fragenbeantwortung sind auch in der Rudolf Steiner Gesamtausgabe (GA) Bibl.-Nr. 311 unter folgendem Titel erschienen: Rudolf Steiner, *Die Kunst des Erziehens aus dem Erfassen der Menschenwesenheit.* Für die 8 Tafelzeichnungen (S. 113-120) s.: Rudolf Steiner, *Wandtafelzeichnungen zum Vortragswerk,* XXI, S. 65-75.

Die Fragenbeantwortung (S. 187-206) ist lt. Hans Schmidt zum ersten Mal in *Die Kunst des Erziehens aus dem Erfassen der Menschenwesenheit* (Bern 1949, S. 129-145) gedruckt worden. Die Fragen wurden Rudolf Steiner schriftlich übergeben.

Im Anhang sind Notizbucheintragungen (S. 207-226) Rudolf Steiners angeführt, die überwiegend pädagogische Fragen betreffen. Sie sind einer Broschüre entnommen, die seit Jahrzehnten undatiert zirkuliert und folgenden Titel trägt: «Geistessaat aus Rudolf Steiners Notizbüchern. Pädagogisches und Allgemeines.»

Titel, Inhaltsangaben und Fußnoten der vorliegenden Ausgabe stammen vom Redakteur. Auf der Webseite der *Rudolf Steiner Ausgaben* sind die zugrunde gelegten Klartextnachschriften in vollem Umfang faksimiliert einsehbar.

Klartextnachschrift von H. Finckh, 1. Vortrag, erste Seite

Manuskript.

Second International Summer School, Torquay
prompted by the Anthroposophical Society in Great Britain.

Pädagogischer Kursus

von

Dr. R u d o l f S t e i n e r , 1. Vortrag, gehalten am 12. August 1924 in T o r q u a y . (6)

Meine lieben Freunde!

Es gereicht mir wirklich zur tiefsten Befriedigung, dass Sie nun so weit sind hier in England, um an die Begründung einer Schule im anthroposophischen Sinne denken zu können. Es bedeutet dies ja in Wirklichkeit einen ausserordentlichen, tiefen Einschnitt in die Geschichte des Erziehungswesens. Spricht man, meine lieben Freunde, einen solchen Satz aus, so ist es ja sehr leicht, dass man für das Aussprechen eines solchen Satzes der Unbescheidenheit geziehen wird. Aber es liegt bei allem, was aus anthroposophischen Untergründen für die Erziehung-und Unterrichtskunst hervorgehen soll, auch wirklich heute etwas Eigentümliches zugrunde. Und ich möchte es mit allergrösster Freude begrüssen, dass der erste Stamm eines Lehrerkollegiums aus dem Innersten der Seele heraus sich wirklich bereit gefunden hat hier, anzuerkennen, dass so etwas Besonderes bei dem, was wir anthroposophische Pädagogik nennen, zugrunde liegt. Wir sprechen, wenn wir von anthroposophischer Pädagogik reden, wirklich nicht aus einem fanatischen Reformgedanken heraus von der Notwendigkeit einer Erneuerung des Erziehungswesens, sondern wir sprechen aus der Empfindung und dem Erleben der Kulturentwickelung der Menschheit heraus.

man jede Eigenschaft bei dem Kinde zu behandeln hat. Es ist nicht so, dass wenn man an dem Kinde eine Eigenschaft bemerkt, das dasselbe ist, wie wenn man diese Eigenschaft an einem anderen Kinde bemerkt, denn dieselbe Eigenschaft bedeutet bei dem einen Kinde etwas ganz anderes als bei dem anderen Kinde.

Sagen wir z. B., ein Kind zeigt eine gewisse Aufgeregtheit; ein anderes Kind zeigt auch Aufgeregtheit. Ja, es kommt gar nicht darauf an, dass man bloss weiss, das Kind ist aufgeregt und man soll etwas beitragen zu seiner Beruhigung, sondern es kommt darauf an, dass man bei dem einen Kinde findet: das ist aufgeregt, weil es einen aufgeregten Vater gehabt hat und den imitiert; das andere Kind ist aufgeregt, weil es ein schlechtes Herz hat, herzkrank ist. So muss man überall auf dasjenige eingehen können, was durch die Eigenschaften zu Grunde liegt.

Und ~~dadurch~~ dazu sind gerade die Lehrerkonferenzen da. Die sind dazu da, wirklich den Menschen zu studieren und dadurch in der Menschenkunde - ich möchte sagen - einen fortlaufenden Strom durch die Schule fliessen zu lassen. Man studiert die Schule in den Lehrerkonferenzen. Dadurch ergibt sich das andere, was man braucht, schon von selber. Das wesentliche ist, dass die Lehrerkonferenzen ein fortlaufendes Studium, fortdauerndes Studium sind.

Das sind so die Bedingungen, die ich Ihnen für die praktische Einrichtung sagen wollte.

Nun würde sich manches natürlich sagen lassen können, wenn wir diesen Kursus mehrere Wochen hindurch fortsetzen könnten. Aber das können wir ja nicht. Daher werde ich Sie bitten, morgen, wenn wir hier zusammen kommen, dasjenige, was Sie auf dem Herzen haben, in Form von Fragen zu stellen, sodass wir dann die morgige Stunde dazu benützen, dass Sie Fragen stellen und ich Ihnen diese Fragen beantworten kann.

St. F.

Fachausdrücke der Geisteswissenschaft

Entwicklung von Erde und Mensch

7 planetarische Zustände der Erde:	1. Saturn-, 2. Sonnen-, 3. Monderde, 4. Erde (jetziger Planet), 5. Jupiter-, 6. Venus-, 7. Vulkanerde
7 geologische Zeiten der jetzigen Erde:	1. Polarische, 2. hyperboräische, 3. lemurische Erdenzeit 4. atlantische Erdenzeit 5. nachatlantische (die jetzige), 6., 7. Erdenzeit
7 Kulturperioden der «nachatlantischen» Zeit (je 2160 Jahre):	1. Indische, 2. persische, 3. ägypt.-chaldäische Kulturper.; 4. griech.-römische Kulturperiode (747 v.–1413 n.Chr.); 5. (unsere) Kulturper. (1413–3573 n.Chr.); 6. u. 7. Kulturper.

Das Wesen des Menschen

3 Körper-Hüllen:	1. Physischer Körper 2. Ätherischer Körper, Ätherleib, Bildekräfteleib 3. Astralischer Körper, Astralleib, Empfindungsleib
3 Seelen-Kräfte:	1. Empfindungsseele 2. Gemüts- oder Verstandesseele 3. Bewusstseinsseele
3 Geistes-Glieder:	1. Geistselbst (höheres Ich) 2. Lebensgeist 3. Geistesmensch
Aus 9 wird 7:	1. Physischer Leib, 2. Ätherleib, 3. Astralleib, 4. Ich, 5. Geistselbst, 6. Lebensgeist, 7. Geistesmensch

Dreiheit in Mensch und Welt

Geistige Wesen:	«Luzifer»	«Christus»	«Ahriman»
Evangelium:	Diabolos	Streben nach Gleichgewicht	Satanas
Geistig:	Spiritualismus		Materialismus
Seelisch:	Schwärmerei		Pedanterie
Physisch:	Entzündung		Sklerose
Moralisch:	hemmend	fördernd	hemmend

Naturelemente

Ätherwelt:	Wärmeäther	Lichtäther	Ton-/Zahlenäther	Lebensäther
Phys. Welt:	Wärme	Luft	Wasser	Erde
Unternatur:	Schwerkraft	Elektrizität	Magnetismus	Atomkraft
Naturgeister:	Salamander	Sylphen	Undinen	Gnomen

Stufen der Einweihung

1. Imagination:	Bilder sehen – in der Akasha-Chronik (Ätherwelt)
2. Inspiration:	Worte hören – in der Seelenwelt (Astralwelt)
3. Intuition:	Wesen erkennen – in der geistigen Welt (Devachan)

Rudolf Steiner (1861-1925) ergänzt die moderne Naturwissenschaft durch eine umfassende Geisteswissenschaft, die Anthroposophie, die in der heutigen Kultur eine einzigartige Herausforderung zur Überwindung des Materialismus ist, der die Menschheit in den Untergang zu führen droht.

Die Anthroposophie hat ihre Fruchtbarkeit vor allem in der Erneuerung verschiedener Lebensbereiche gezeigt: der Erziehung, der Medizin, der Kunst, der Landwirtschaft. Der Wahrheitsgehalt der Geisteswissenschaft lag Rudolf Steiner ganz besonders am Herzen, weil er in ihm den Inspirations- und Kraftquell für alle äußere Tätigkeit sah.

Von den Vorträgen Rudolf Steiners sind Klartextübertragungen und Nachschriften unterschiedlicher Qualität erhalten. Die Vorträge lagen bis vor Kurzem überwiegend in einer stark bearbeiteten Fassung vor. Die ursprünglichen Klartextübertragungen, die zu Beginn des 21. Jahrhunderts der Öffentlichkeit zugänglich gemacht worden sind, machen es möglich, dem von Rudolf Steiner gesprochenen Wort näherzukommen.